Die Straß zu Sankt Jakob

Die Straß zu Sankt Jakob

Der älteste deutsche Pilgerführer nach Compostela

Von Klaus Herbers und Robert Plötz†
Photographien von Gerhard Weiß

Die walfart vnd Straß zu sant Jacob.

Inhalt

Vorwort zur Neuausgabe

¶ Neben den immer zahlreicher werdenden modernen, oft neu geschaffenen „Jakobswegen“ gibt es die Routen, die Pilger schon im späten Mittelalter wirklich nutzten. Dazu gehören die Ober- und die Niederstraße, die der Pilgerführer des Hermann Künig von Vach von 1495 dokumentiert. Er begleitet den Pilger mit seinen hilfreichen Versen erst ab den Grenzen des Reiches: Einsiedeln und Aachen sind die Orientierungspunkte. Deutschland besitzt aber mit diesem Führer gegenüber vielen anderen Ländern eine Besonderheit: Das seit 1495 mehrfach gedruckte Büchlein zeigt, wie verbreitet das Pilgern nach Compostela schon vor über 500 Jahren in Mitteleuropa war.

¶ Dem Pilgerführer aus dem Liber Sancti Jacobi (Codex Calixtinus) vergleichbar, besitzt das Büchlein Hermann Künigs einen hohen Stellenwert in der internationalen Jakobusforschung, denn es ist ein Schlüsseldokument ersten Ranges für die europäische Dimension der Pilgerfahrten nach Santiago de Compostela. Erstmals als Faksimile mit neuhochdeutscher Übersetzung wurde die Inkunabel aus dem Jahr 1495 zum Compostellaner Heiligen Jahr 2004 in einer Ausgabe des Jan Thorbecke Verlages veröffentlicht, die neben dem Faksimile und der neuhochdeutschen Übertragung zahlreiche Bilder zur Einstimmung in die Pilgerfahrt bot. Dieses Büchlein ist leider seit mehreren Jahren vergriffen.

¶Das Heilige Jahr 2021, das pandemiebedingt sogar noch bis Ende 2022 reicht, bietet einen willkommenen Anlass, Künigs Pilgerführer auch in dieser bibliophilen Form erneut zugänglich zu machen. Neben dem Reisebericht des Hieronymus Münzer von seiner Westeuropareise 1494/95, der vor kurzem (2020) im Narr-Verlag publiziert wurde, liegt damit ein weiterer zentraler Text aus dem ausgehenden 15. Jahrhundert vor, der nicht berichtet, sondern anleitet und den zahlreichen Compostela-Pilgern Hilfe bietet. Damit eröffnen sich zwei unterschiedliche, aber zeitgleiche Perspektiven. Gewiss hat sich die Jakobus-Forschung diesem Dokument auch nach 2004 immer wieder gewidmet. Jedoch wird in der vorliegenden Ausgabe Künigs Pilgerführer nicht durch neuere Forschungsdiskussionen angereichert, denn in den Grundzügen dürften die Hinführungen aus dem Jahr 2004 auch noch heute die wesentlichen Punkte zur Einordnung bieten. Vor allem aber ist es ja der Text selber, der nun wieder ein Publikum finden und daran erinnern soll, in welch großen Traditionen auch die heutige Pilgerfahrt nach Compostela steht.

¶2004 konnte ich Künigs Pilgerführer mit meinem Freund und Wegbegleiter Dr. Robert Plötz publizieren, er hat seinen irdischen Pilgerweg 2017 vollendet. Ich freue mich, dass die neue Ausgabe nun mit Zustimmung von Karin Plötz auch zu seinem Andenken erscheinen kann.

Erlangen, im Juli 2021
Klaus Herbers

Ein Apostelgrab am »Ende der Welt« und seine Ausstrahlung nach Europa

❡ Pelagius, ein Eremit im Nordwesten der Iberischen Halbinsel, soll in der ersten Hälfte des 9. Jahrhunderts eine Erscheinung gehabt haben. Himmlische Zeichen führten ihn zu einem Grab, das man mit dem des hl. Jakobus des Älteren (Sant Iago) gleichsetzte. Begann damit die »Große Pilgerfahrt des Mittelalters«, die schon bald ebenbürtig neben die Fahrten nach Rom und Jerusalem treten sollte[1]? Nicht sofort, denn diese »Entdekkung« widersprach fast allem, was man aus biblischen Schriften über den Apostel Jakobus wusste. Die biblischen Zeugnisse lassen nichts von einem Spanienbezug erkennen, ja die Apostelgeschichte verdeutlicht sogar, daß Jakobus in Palästina als erster der Apostel den Märtyrertod erlitten habe: »Um dieselbe Zeit legte der König Herodes Hand an einige Angehörige der Gemeinde, um sie zu mißhandeln. Er ließ Jacobus, den Bruder des Johannes, mit dem Schwerte hinrichten« (Apostelgeschichte 12,1–2).

Der Apostel Jakobus der Ältere – biblische und spanische Traditionen

❡ Was wissen wir weiterhin aus den biblischen Schriften über den Apostel? Er wird von den Evangelisten als Sohn des Fischers Zebedäus und dessen Frau Salome erwähnt (Mk 15,40). Zusammen mit seinem jüngeren Bruder Johannes wurde er zum Apostel berufen (Mt 4,11). Auch in weiteren Passagen läßt sich kaum ein spanischer oder ein europäischer Bezug feststellen. Hier finden wir den Apostel Jakobus den Älteren oft zusammen mit seinem Bruder Johannes als Söhne des Zebedäus oder als wichtigen Vertreter einer kleinen Apostelgruppe von Petrus, Jakobus und Johannes, die dem Herrn bei seiner Verklärung auf den Berg Tabor folgen sowie ihn vor seinem Leiden in den Garten Gethsemane beim Ölberg begleiten durften.

❡ Trotzdem kam die »spanische Entdeckung« nicht ganz von ungefähr. Zwei Entwicklungen dürften sie maßgeblich beeinflußt haben. Der Missionsauftrag des Herrn »Gehet hin in alle Welt« führte in der Alten Kirche im Laufe der Zeit zu Vorstellungen, die den einzelnen Aposteln bestimmte Missionsgebiete zuwiesen. Von einigen wie Petrus und Paulus gab es auch schon frühe Zeugnisse, die sie zum Beispiel mit Rom verknüpften. Die sogenannten »sortes apostolicae«[2] gingen von einer annähernd gleichmäßigen Missionierung der Apostel in der antiken Welt aus. Entgegen einigen früheren Zeugnissen wird im sogenannten »Breviarium Apostolorum«, einer Sammlung von Kurzbiographien der Apostel, dem Apostel Jakobus Spanien als Missionsgebiet zugeschrieben[3]. Die spanische Kirche nahm im 8. Jahrhundert diese Tradition der Evangelienverkündung durch Jacobus in *Hispania* auf, so der asturische Mönch Beatus von Liébana im Apokalypsen-Kommentar«[4].

¶ Damit ist eine zweite Entwicklungslinie angedeutet: Nach der weitgehenden Eroberung der Iberischen Halbinsel durch die Muslime ab 711 gewann das kleine, christlich gebliebene oder besser: das sich neu konstituierende christliche Reich im Norden der Iberischen Halbinsel mit der Notiz zu einer apostolischen Missionierung neue Waffen, um die eigene Identität zu stärken. Hier lag politischer und kirchenpolitischer Sprengstoff. Nach 711 lebten Christen nicht nur weiterhin im Norden, sondern übten auch unter muslimischer Herrschaft ihre Religion als sogenannte Mozaraber zunächst weitgehend unbehelligt aus. Sie wurden allerdings durch höhere Steuern belastet. Rom hielte zunächst zu diesen mozarabischen Christen Kontakt. Als es jedoch zu neuen theologischen Streitigkeiten um die Gottessohnschaft im sogenannten Adoptianismusstreit zu Ende des 8. Jahrhunderts kam, wendete sich das Blatt. Denn nun vertraten Personen aus den christlichen Gebieten des Nordens theologische Positionen, die auch im Konzil von Frankfurt (794) und in Rom Ende des 8. Jahrhunderts Zustimmung fanden. Dies stärkte vor allem die Stellung des christlichen Reiches Asturien im Norden. Dort verstand man sich seit dem beginnenden 9. Jahrhundert zunehmend als der eigentliche Erbe der spanischen Kirchenordnung. In dieser Situation verdichteten sich die Gerüchte um apostolische Traditionen im Norden der Iberischen Halbinsel. Erst jetzt war offensichtlich auch kirchenpolitisch der Weg frei, um mit dem neuen Apostelgrab der altehrwürdigen kirchlichen Metropole Toledo, die im muslimischen Herrschaftsbereich lag, entgegenzutreten. Somit symbolisierte das neue Jakobusgrab zugleich, daß ein Jahrhundert nach der muslimischen Eroberung die kirchliche und theologische Orientierung der spanischen Christen nun vor allem in den christlichen Reichen des Nordens lag.

¶ Neben der Missionierung und der Entdeckung des Grabes galt es jedoch noch zu erklären, wie der in Palästina enthauptete Apostel nach Galicien, die Region im Nordwesten der Iberischen Halbinsel, gekommen sei. Die sogenannte Translation (Überführung) wird in manchen frühen Notizen stillschweigend vorausgesetzt, aber bald auch literarisch weiter ausgestaltet. Die ältesten Fassungen verzeichnen in Grundzügen folgende Elemente: Nach der Enthauptung des Apostels kümmerten sich Jünger um dessen Leichnam und brachten ihn in ein Boot, das nach sieben Tagen Seereise im Mündungsgebiet der Flüsse Ulla und Sar, beim alten Bischofsort Iria Flavia, anlegte. Ein Strahl hob den Körper des Apostels zur Sonne und überführte ihn zwölf Meilen weiter zu dem Ort, wo er sein Grab fand. Drei Apostelschüler töteten dort (*Picosagro*) einen Drachen und bekehrten die heidnischen Bewohner des Ortes. Diese drei blieben dort,

Süddeutscher Einblattdruck (um 1460) mit der Jakobuslegende: das Galgen- und Hühnerwunder

während die übrigen vier Schüler nach Jerusalem zurückkehrten und den Papst über die Vorkommnisse informierten. Einige dieser älteren Bestandteile hat wohl auch das Rundschreiben eines Papstes oder Bischofs Leo aufgegriffen, das aber erst in der ersten Hälfte des 11. Jahrhunderts handschriftlich überliefert ist[5].

❡ Um Iria Flavia oder das benachbarte El Padrón rankten sich schon bald zahlreiche Legenden. Hier sollte das Schifflein des Heiligen angekommen sein. Sehr viel später glaubten einige sogar, beim Transport des Apostelleichnams an das Ufer sei dieser ins Meer gefallen und mit Muscheln überdeckt wieder aufgetaucht, eine von zahlreichen Geschichten zur Erklärung der Jakobsmuschel, dem Emblem der Jakobspilger. Von Wundern begleitet war nach späteren Berichten auch der Weg des Leichnams bis zur endgültigen Grabesstätte, denn die heidnische Königin Lupa suchte die Beisetzung der Gebeine zu verhindern, indem sie den treuen Jüngern scheinheilig wilde Stiere empfahl, die den Apostelleichnam transportieren sollten. Als diese vor den Wagen mit den Reliquien gespannt wurden, zähmte man sie jedoch mit dem Zeichen des Kreuzes.

❡ Diese hier nur unzureichend skizzierten spanischen Traditionen[6] hatten biblische Notizen mithin nicht unbeträchtlich erweitert, dabei war die Missionsnotiz eher auf die gesamte *Hispania* und den Westen bezogen, die Nachrichten zu Grabentdeckung und Translation galten eher der Region Galicien. Diese drei Grundelemente waren im Laufe der weiteren Entwicklung immer wieder umstritten, besonders die Nachricht zur Missionierung. Sie wurden aber im Laufe der Zeit erweitert und um neue Elemente bereichert. So sollte Jakobus für die Identität des christlichen Spanien noch weiteres Gewicht gewinnen.

Santiago de Compostela wird zum Pilgerort

¶ Aber zunächst waren die Neuigkeiten von einem Apostelgrab für die Entstehung des Ortes Santiago de Compostela selbst wichtig. Schon bald dürfte das Apostelgrab wie andere Ruheorte von Heiligen auch von Personen aus der Umgebung besucht worden sein. Erst im 10. Jahrhundert sind erste Pilger, die sogar von nördlich der Pyrenäen kamen, belegt[7], und seit dem 11. Jahrhundert erreichte die Pilgerfahrt europäische Dimensionen, die verschiedener Voraussetzungen bedurfte: Die Traditionen am Ort mußten gefestigt und die Nachrichten von der Wirkmacht des Heiligen verbreitet werden. Belegt ist der Bau einer Kirche und vor allem eines bedeutenderen zweiten Gotteshauses unter Förderung von König Alfons III., das wohl 899 geweiht wurde. Der Ort hieß bald nach dem Apostel Santiago und trat gegenüber der alten Bischofsstadt Iria Flavia an der Atlantikküste in den Vordergrund. Folgerichtig und wohl auch wegen verschiedener Normanneneinfälle wurde der Bischofssitz später von dort nach Compostela übertragen. Der zusätzliche Ortsname Compostela (von »compostum«, Begräbnisstätte und nicht von »campus stellae«, Sternenfeld abzuleiten) wurde auch der Apostelreliquien wegen schon bald zu einer wichtigen Stadt.

¶ Seit dem 11. Jahrhundert mehren sich die Notizen von Pilgern, die aus ganz Europa zum Jakobusgrab eilten, sie erhofften sich spirituelle Gnaden und Heilung ihrer Gebrechen und Krankheiten. Die Geschichte des Pilgerortes ist oft geschrieben worden, einen einzigen Grund für seinen Erfolg gibt es nicht, eher war es das Zusammenwirken mehrerer Faktoren[8], vor allem (kirchen)politische Aktionen, spirituelle Orientierungen, Propaganda und eine Begünstigung durch geänderte Rahmenbedingungen. Im Zuge der Reconquista (Wiedereroberung) waren viele wichtige Bischofssitze von christlichen Kämpfern erobert worden; so 1085 das überaus wichtige Toledo. Im Rahmen einer kirchenpolitischen Neuordnung, bei der auch Rom und das Papsttum eine immer wichtigere Rolle spielte, nutzte Santiago die Argumente, die ein Apostelgrab bot. So erreichte der Bischof Diego Gelmírez von Santiago de Compostela (1098/99–1140) die Erhöhung seines Sitzes zum Erzbistum (1120, 1124) und konkurrierte hier mit dem nordportugiesischen Braga wie auch mit Toledo. Diese Ansprüche eines Apostelsitzes wurden in der Mitte des 12. Jahrhunderts sowohl in der Bistumsgeschichte, der Historia Compostellana[9], als auch im Sammelwerk des Liber Sancti Jacobi[10] dokumentiert und dabei die verschiedenen spanischen Traditionen in unterschiedlicher Weise verwendet oder zugespitzt. Santiago hatte langfristig aber auch deshalb Erfolg, weil manche Privilegierungen durch Geldgeschenke gefördert werden konnten. So brachten mehrfach als Pilger verkleidete Boten Geldzahlungen und weitere Gaben zu Papst Calixt II. (1119–1124) und seiner Umgebung. Die übermittelten Geldmünzen waren aber nur zum Teil in Compostela geprägt worden, sondern stammten vor allem aus Frankreich. Offensichtlich hatten die Pilgergaben von jenseits der Pyrenäen dem Ort Santiago inzwischen auch in Reichtum verholfen.

¶ Neben diesen kirchenpolitischen Positionsbestimmungen machten aber die insgesamt zunehmende Spiritualität, die intensivierte Reliquienverehrung, die stärkere Mobilität seit dem hohen Mittelalter sowie die Wundergeschichten des Liber Sancti Jacobi und deren Verbreitung in Wort und Schrift Santiago zu einem großen Pilgerort. Die Mirakel verdeutlichten, daß mit Jakobus ein ganz besonderer Patron gewonnen werden konnte. Die Historia Compostellana berichtet sogar, daß sich muslimische Boten in Navarra zu Beginn des 12. Jahrhunderts darüber gewundert haben sollen, wie voll die Pilgerwege gewesen seien.

¶ Zunächst dominierten (neben den spanischen Gläubigen) Pilger aus Frankreich, Italien und Deutschland. Doch ab dem 12. Jahrhundert weitete sich der Einzugsbereich aus, Santiago erscheint neben Jerusalem und Rom als eine der größeren Pilgerfahrten *(peregrinationes maiores)*, und seit dieser Zeit werden auch die früher nur vereinzelt aus dem Norden, also England, Skandinavien und dem Ostseeraum belegten Pilger häufiger. Außerdem nahm Osteuropa zunehmend an der Pilgerfahrt teil, so daß Santiago im 15. Jahrhundert als ein »europäischer« Pilgerort bezeichnet werden kann. Besonders die Heiligen Jahre, die ab dem 15. Jahrhundert nachweisbar sind, führten zu großem Pilgerandrang, wie die erhaltenen Zahlen englischer Pilgerschiffe belegen[11]. Aus dem 15. Jahrhundert kennen wir Pilgerberichte, aber auch Pilgerlieder und den hier im Zentrum stehenden Pilgerführer des Hermann Künig von Vach, die auf die Resonanz der Jakobsfahrten in dieser Zeit verweisen. Allerdings häuften sich in dieser Zeit auch kritische Stimmen, und nach der Reformation trugen vor allem Religionskriege, Paßzwang, Überwachung im habsburgischen Spanien ebenso wie landesherrliche Bestimmungen, die vor allem wehrpflichtigen Männer ein Ausreiseverbot auferlegte, dazu bei, die Pilgerströme zu dezimieren.

¶ Aber erst mit der Französischen Revolution und der anschließenden Säkularisierung, der Auflösung von religiösen Instituten, der Aufhebung von Stiftungen und weiteren Folgen kamen die Pilgerfahrten fast zum Erliegen, bis Ende des 19. Jahrhunderts Papst Leo XIII. mit der Bulle »Deus omnipotens« (1884) die neu aufgefundenen Reste des Apostels wieder als echt bestätigte. Nach ersten zögerlichkommenden neuen Pilgern – so den Bayerischen Pilgerkarawanen zu Ende des 19. Jahrhunderts[12] – folgte eine größere Zunahme erst wieder nach der Zeit der Franco-Diktatur, als Spanien zunehmend an die Pilger des Mittelalters erinnerte und europäische Traditionen in den Vordergrund stellte. Zuvor hatten schon Wissenschaftler und Pilger hier schon vieles neu entdeckt.

❡ Franco hatte noch stärker als die europäischen Pilgerströme den spanischen Nationalpatron Jakobus bemüht. Auch diese Facette eines streitbaren und Identität für das christliche Spanien stiftenden Patrons hatte sich seit dem 11./12. Jahrhundert zunehmend entwickelt. In den Schlachten der Reconquista, erstmals wohl bei der Eroberung von Coimbra (1064) soll der Apostel den Kämpfern erschienen sein und bei der Eroberung der Stadt geholfen haben. In der Mitte des 12. Jahrhunderts wurde von einem Compostellaner Kleriker eine Urkunde gefälscht, die davon ausging, daß schon kurz nach der Entdeckung des Grabes Jakobus in Clavijo 844 den Christen gegen die Muslime beigestanden und sie von einem unwürdigen Tribut an die Muslime befreit habe. Das Bild des hl. Jakobus als Schlachtenhelfer entwickelte sich in der Folge vor allem zunächst in Spanien später auch in Lateinamerika oder in Mittel- und Osteuropa. Prägend wurde neben den vielfachen Übernahmen dieser Erzählungen in die Geschichtsschreibung im späten Mittelalter auch der Santiago-Ritterorden[13].
❡ Beide Aspekte – Jakobus als Pilger und Jakobus als »Streiter Christi« sowie als Mauren-töter – gehören zur historischen Entwicklung des Bildes des »hispanisierten« Apostels. Beides hat auch in der Ikonographie seinen Ausdruck gefunden[14]. Für den hier interessierenden europäischen Aspekt blieb jedoch der Pilger Jakobus wichtiger.

Pilger und Reliquienkult

❡ Wenn aber von einer großen Zunahme der Pilgerbewegung gesprochen wird, dann bleibt die Frage, was verstehen wir unter »pilgern« bzw. dem Pilger? Pilgern heißt in der christlichen Tradition, die »Fremde mit einem religiösen Ziel« zu durchziehen[15]. Der *peregrinus* ist ursprünglich jeder Fremde, erst im Laufe des Mittelalters wird hierunter der zu einem Ziel reisende Pilger verstanden. Der Pilgerstand drückt sich in der christlichen Anthropologie in dem Satz aus: *Vita est peregrinatio*. Das Erdenleben ist für den *homo viator* nur eine Phase einer viel längeren Wanderschaft. Es ist der Übergang zu seinem eigentlichen außerirdischen Ziel, zu Gott *(peregrinatio pro Christo)*[16]. Ihre lokale Konkretisierung fand die Pilgerschaft zuerst an den Heiligen Stätten *(loca sancta)*, den Orten des Lebens und Leidens Christi in Palästina. In deren Nachfolge stehen dann der Besuch ferner Plätze mit Apostel- und Heiligengräbern *(loca sanctorum)*, vornehmlich die der Apostelfürsten Petrus und Paulus in Rom, weiterhin der Ort der Tumba des Apostels *Jacobus maior* im fernen Westen am Ende der damals bekannten Welt.
❡ Ein wichtige Rolle in diesem Prozeß spielte der Reliquienkult. Er begann in der frühen Kirche mit der Verehrung der Gebeine der Märtyrer, über deren Grabstätten seit dem 4. Jahrhundert oft Altäre errichtet wurden. Es war vor allem die Anwesenheit der

Geiler von Kaysersberg, »Der bilger mit seinen eygenschaften« (1499): Vorbereitung, Aufbruch und Weg der Pilger

»Heiligen Leiber«, welche die Gläubigen zunehmend zu den Gräbern trieb. Die Grabesstätten wurden als Türen zum Himmel angesehen, denn insbesondere die Märtyrer weilten schon nach ihrem Tod unmittelbar am himmlischen Altar, wie in der Apokalypse (6,9) versprochen wurde. Reliquien waren begehrt, und Translationen (Überführungen) oder Erhebungen von Reliquien stellten sie ins rechte Licht. Die Übergaben von Reliquien als Geschenke oder Gegengaben zeigen, als wie wichtig sie angesehen wurden; sie galten als Unterpfänder des Heils und legitimierten auch vielfach – nicht nur im Falle Compostelas – wichtige politische und kirchenpolitische Interessen. Aus diesen Reliquiengaben ergaben sich Kommunikation und Beziehungsnetze. Durch Teilungen und Berührungsreliquien kam es zu einer Vervielfachung der heiligen Partikel. ❡ Die Reformation brachte für Mitteleuropa kurzfristig eine Zeit der Diskreditierung des Reliquienkults, aber schon die Gegenreformation ließ ab dem 16. Jahrhundert die Reliquienverehrung wieder aufblühen[17]. Die wechselvolle Geschichte mancher Reliquie läßt sich etwa gut am Beispiel der Armreliquie des Apostels belegen, die von Santiago 1132 nach Würzburg kam, um von dort aus über die Umwege Augsburg und Élvas in den Besitz Philipps II. zu gelangen, der sie testamentarisch dem Jakobus-Ritterordenskonvent in Uclés (Neukastilien) vermachte, wo sie in den Wirren des spanischen Unabhängigkeitskrieges (1808–1813) spurlos verschwand[18].

Reisende und Pilger

❡ Wann setzen sich nun die Reisenden mit einem religiösen Ziel aus der allgemeinen Gruppe der Fahrenden ab? Die Wahrnehmung der Pilger als Sondergruppe auf den Fernwegen Europas nahm seit der zweiten Hälfte des 11. Jahrhunderts zu. Verschiedene Phänomene struktureller und kultureller Art deuten diesen Wandel an. Einen frühen Beleg für die Wahrnehmung der Pilger gibt der Benediktiner Orderic Vitalis († 1143), der zum Aussehen der Pilger[19] Stellung bezieht. Orderic konnte sich noch an die Zeit erinnern, in der die Pilger sich von den anderen Personen unterwegs nur durch ihre Barttracht unterschieden: »Vormals hatten gewöhnlich Büßer und Gefangene und auch

Pilger ungeschorenes Haar und trugen lange Bärte«[20]. Offenbar setzte sich zu seiner Zeit stärker das Bild des Pilgers *(indumenta peregrinorum)* mit Tasche, Stab und Hut durch, wie Liturgie, geistliches Drama und künstlerische Darstellungen nahelegen. In der Regieanweisung der ersten Peregrinus-Spiele für den zweiten Ostertag, mit der Darstellung des Ganges nach Emmaus und des Mahles dort, wurde Christus folgendermaßen gekennzeichnet: »dem Herrn ähnlich, einen Ranzen und einen langen Palmzweig tragend, nach Art der Pilger wohl gekleidet, mit Hut auf dem Haupt, Mantel und Untergewand, nackte Füße«[21].

❡ Der Pilger ist als typische Figur des europäischen Mittelalters verewigt worden in den Werken Dantes, Chaucers und Cervantes, dabei ist aus heutiger Perspektive nicht immer sicher zu entscheiden, auf welchen Realitäten diese Bilder basieren und wo die literarische Fiktion ansetzt. Dennoch: Wer konnte, ging damals wenigstens einmal im Leben auf Pilgerfahrt! Und es waren die drei *peregrinationes maiores*[22] besonders herausgehoben, an deren Wegen auch andere, bedeutende Heilsorte lagen. Einige Pilger, wie zum Beispiel Ghillebert de Lannoy (1403, 1407, 1421, 1435, 1446), Peter Rieter (1428–1436), Georg von Ehingen (1454–1457), William Wey (1456–1462), Ludwig von Eyb junior (ca. 1476), Jehan de Tourney (1487) und Arnold von Harff (1496–1498)[23] unternahmen die Triade der großen Pilgerziele (Jerusalem, Rom und Santiago de Compostela). Ein besonders eindrucksvolles Zeugnis dieser »Rundumversorgung« bietet der »Manus« von Nikolaus Omichsel von Passau (1333–1340), eine Pergamentrolle mit Federzeichnungen und einem ausführlichen Reliquienverzeichnis, die sich in der bayerischen Staatsbibliothek München befindet[24].

❡ Abertausende von Pilgern zogen in der ersten Blütezeit der *peregrinatio ad limina Beati Iacobi* im 11./12. Jahrhundert zum »neuen Jerusalem« des christlichen Europa[25]. Könige, Äbte, Mönche und Vaganten, Ritter und Bauern, Blinde und Lahme, gläubige Christen und zur Strafpilgerfahrt Verdammte, viele barfuß und ohne Mittel, andere beladen mit Ketten begaben sich auf den »harten Weg«, wie Petrarca ihn nannte. Der anfangs noch lokale Kult um das mutmaßliche Apostelgrab verbreitete sich rasch, für die erste Hälfte des 10. Jahrhunderts sind schon die ersten nichtspanischen Pilger belegt. Gegen 930 wird in einem hagiographischen Traktat des Klosters Reichenau auf einen behinderten

Mönch hingewiesen, der unter anderem das Apostelgrab in Santiago besucht haben will, wo er sein Augenlicht wiedergewonnen habe. Ob der Besuch nun stattgefunden hat oder nicht, bleibe dahingestellt. Eines ist jedenfalls sicher: Santiago de Compostela war als Kultort und Pilgerziel schon damals gut bekannt[26]. Als nächster »ausländischer« Pilger wird für 950/51 Bischof Godescalcus von Puy erwähnt[27]. Zu den frühesten Pilgern aus dem deutschen Sprachgebiet gehörten unter anderen die Fuldauer Äbte, die unterwegs oft Gebetsverbrüderungen mit anderen Klöstern eingingen[28].

Motive der Pilger

¶ Welche hauptsächlichen Motive ließen die Pilger die anstrengende und auch gefährliche Reise unternehmen[29]? Sie sind nur schwer zu ermitteln. Religiöse Gründe stehen in den Quellen meist im Vordergrund (Devotion, Buße und Heilsversicherung), dazu kommen die Strafpilgerfahrten, die delegierten Pilgerfahrten, die vor allem in den Hansestädten oft testamentarisch verfügt wurden, und die Stellvertreterpilgerfahrten, die teilweise von »Berufspilgern« ausgeführt wurden, aber oft durch entsprechende Mittel abgelöst werden konnten. Im 15. und 16. Jahrhundert, zur Zeit als unser Pilgerführer geschrieben wurde, sind »Ritter- und Adelsfahrten« mit gleichzeitigem Besuch von Pilgerorten häufiger belegt, wobei die *curiositas* (Neugierde), noch mehr aber die adelige Selbstdarstellung und die Teilnahme am adeligen Hofleben bei den Adels- und Patrizierreisen einen wesentlichen Anreiz darstellte[30]. Neben der Suche nach leiblichem und geistlichem Heil, dem Wunderglauben und weiteren Motiven waren die zahlreichen Ablässe[31], die man seit dem 11. Jahrhundert durch den Besuch der heiligen Stätten, durch bestimmte Gebete und auch durch entsprechende Spenden erwerben konnte, bis zur frühen Neuzeit oft Anlaß, sich auf den Weg zu machen[32]. Einen Höhepunkt dieser Entwicklung stellte die Einführung des Hl. Jahres (»Año Santo Compostelano«) dar, das ab dem 15. Jahrhundert mit wenigen Ausnahmen regelmäßig dann ausgerufen wurde, wenn der Festtag des Apostels (25. Juli) auf einen Sonntag fiel[33].

¶ War im Falle von Rom und Jerusalem das Ziel für die Pilger besonders bedeutsam, so trug bei der Jakobus-peregrinatio neben dem Ziel auch der Weg mit seinen vielen Heiligtümern maßgeblich zum Erfolg dieser »peregrinatio« bei.

Pilger auf »Pilgerwegen« unterwegs

❡ Welche Wege benutzten aber die Jakobspilger, und wie wurden die Personen geschützt? Bekannt ist der Pilgerweg durch Nordspanien, der als »camino francés« bezeichnet wird. Ist dieser »Hauptweg« in Spanien völlig neu für die Schar der Pilger geschaffen worden? Der erste Hinweis auf einen Weg, der von den Pilgern von und nach Rom und Santiago frequentiert wurde, ist in der Stiftungsurkunde für das Kloster und Hospiz von Arconada enthalten. Graf Gómez von Carrión verfügt am 15. März des Jahres 1047, »daß zu seinem Seelenheil und dem seiner Eltern zu Ehren der hll. Facundus, Primitivus und Christopherus und aller Heiligen an diesem Ort, den man Arconada nennt, ein Kloster mit Speisung und Beherbergung der Armen oder auch mit einem Hospiz an der seit alter Zeit gegründeten Straße für diejenigen, *die von Sankt Peter und St. Jacobus gehen oder von dort kommen*, erbaut werden solle«[34]. Aus der frühesten konkreten Notiz zum spanischen Jakobsweg, welche die »Historia Silensis« von etwa 1115 bietet, erfahren wir, der navaresische Herrscher Sancho el Mayor III (1004–1035) habe den *iter sancti Jacobi* als direkte Verbindung von den Pyrenäen bis nach Nájera angelegt, damit die Pilger nicht mehr wie früher Umwege gehen mußten, denn er habe neues Land von den Heiden zurückerobert[35]. Sancho wäre also nach der »Historia Silensis« zumindest ein Stück des späteren »klassischen Weges« zu verdanken; der »neue Weg« folgte nicht mehr der alten Römerstraße, sondern war auch aus militärischen Gründen für die Heereszüge Sanchos angelegt worden. Die Reconquista, der Maurenkampf, machte eine neue Strecke nötig[36], der auch die Pilger schneller an ihr Ziel Santiago de Compostela heranführte. Bedeutende Abschnitte des spanischen »Pilgerweges« folgten zwar noch den alten Römerstraßen, aber die Abweichungen sind nicht unerheblich[37].

❡ Wenn man in Kriegszeiten bewaffnet über diese Wege zog, so galt es in Zeiten des Friedens, durch Schutzvorkehrungen die Unverletzlichkeit der Reisenden sicherzustellen[38]. Der Schutz für Reisende und Pilger ist von verschiedenen Institutionen und Versammlungen immer wieder eingeschärft worden[39]. Dazu trat die mittelalterliche Einrichtung des Geleites[40]. Dies kam zwar vorrangig dem Adel, aber auch Pilgern zugute. Die Geleitbriefe für Pilger gelten als eigene Quellengattung, sind jedoch nur vereinzelt erhalten[41]. Wenn wir die Berichte von Jakobspilgern des Spätmittelalters zur Hand nehmen, so kann man die Einkehr der einzelnen Pilger an fremden Höfen nicht nur als diplomatische Aktivitäten, adelige Selbstdarstellung und ähnliches ansehen, sondern zuweilen auch als notwendige Besuche werten, um für den weiteren Weg Schutz und Geleit zu erlangen[42].

❡ Neben den Funktionen als militärische und Geleitstraßen sind die wirtschaftlichen Aspekte der sogenannten »Pilgerwege« hervorzuheben. Pilgerfahrt und Handelsfahrt konnten miteinander verknüpft sein. So berichtet der Pilgerführer aus dem 12. Jahrhundert über eine »ungerechte« Zollabgabe in Ostabat bei St-Jean und St-Michel-Pied-de-

Port, die von Pilgern verlangt wurde, jedoch nur für Händler gelten dürfte[43]. Einen ähnlichen Eindruck vermittelt der aus dem 11. Jahrhundert stammende Zolltarif von Jaca[44]. Er nennt neben Kaufleuten und Pilgern *romei mercatores,* also pilgernde Kaufleute. Beim Bündelinhalt dieser *romei mercatores* sollte man schätzen, was für Hin- und Rückweg benötigt werde, und nur den Rest mit Zoll belegen. Dies verdeutlicht, daß Pilger- und Handelsfahrt oft verbunden wurden, weiterhin läßt sich vermuten, daß geschickte Kaufleute sogar als angebliche Pilger versucht haben dürften, die Zollstelle ohne Abgabe zu passieren[45].

❡ Im Zusammenhang mit dem Aufschwung des Handels ist die Stadtentstehung am »camino francés« häufig als typisches Charakteristikum der städtischen Entwicklung im christlichen mittelalterlichen Spanien angesehen worden[46]. So glaubte man, daß für die Entstehung dieser Städte der Anschluß Spaniens an den mittel- und westeuropäischen Handels- und Wirtschaftsraum verantwortlich zu machen sei[47]. Die Stadtentwicklung am spanischen Abschnitt des Pilgerweges, die in Navarra ab dem 11. Jahrhundert deutlich zunahm, hängt ebenso ursächlich mit der Reconquista und der sogenannten »Europäisierung« der Iberischen Halbinsel seit dem 11. Jahrhundert zusammen[48]. Ausländer, vor allem Franken (womit hauptsächlich, jedoch nicht nur Franzosen gemeint sind), waren an der Reconquista, aber auch an den Handelsfahrten in den Norden Spaniens beteiligt. Teilweise blieben sie südlich der Pyrenäen und siedelten in den Städten am Pilgerweg, deren Bevölkerung deshalb stark von »Fremden« mitbestimmt war[49]. In drei kurz aufeinanderfolgenden Wellen (11. und 12. Jahrhundert) ließen sich die »fränkischen« Siedler in Städten am Pilgerweg in Aragón und Navarra nieder, deren eigenständige Sprache bis ins 14. Jahrhundert belegt ist[50]. Wenn der Pilgerweg somit auch Kolonistenströme »kanalisierte«, so beeinflußte er auch die innere Struktur der Städte, die an ihm lagen. Als wichtige Verkehrsader teilte er sie in verschiedene Viertel: Tore, Kirchen und (Markt)plätze orientierten sich zuweilen an den Pilgerströmen[51].

❡ Der spanische »camino francés«, an dem Städte, Klöster und Hospize, bald auch Herbergen und Gasthäuser lagen[52], war somit außer als militärischer und Geleitweg sowie als Handelsstraße seit dem 12. Jahrhundert auch immer häufiger Weg für die Jakobspilger. Dabei waren auch die Orte an diesem und anderen Wegen nicht ohne Interesse. Große Kult- und Andachtsorte wie St-Martin in Tours, Ste-Foy in Conques oder einzelne (lokale) Heiligtümer und ihre »Konjunktur« konnten zur Bildung und Benutzung neuer Straßen und Wege beitragen[53].

❡ Liest man den noch vorzustellenden Pilgerführer aus dem 12. Jahrhundert, so fällt auf, daß in einem langen Kapitel alle wichtigen Devotionszentren in Süd- und Südwestfrankreich genannt werden[54]. Vom Blickpunkt des Pilgerortes Santiago aus könnte man sagen, daß hierdurch diese Zentren dem großen Pilgerziel untergeordnet werden sollten[55]. Von den vier Wegen durch Frankreich, die noch genauer erläutert werden, waren wohl die Wege von Tours und von Arles (über Toulouse) wichtiger als die beiden Pilgerwege durch das Zentralmassiv. Die beiden letzten dienten weitaus weniger als die erstgenannten wirtschaftlichen Zwecken und wurden wohl vor allem von Pilgern benutzt[56]. Deshalb verdienen der Weg von Vézelay und derjenige von Le Puy am ehesten den Namen »Pilgerweg«. Jedoch sind auch hier Einschränkungen angebracht. Beide Strecken waren wohl nicht zu allen Zeiten gleichermaßen beliebt: Die *via Podensis,* laut dem Pilgerführer des 12. Jahrhunderts für die Deutschen und Burgunder vorgesehen[57], war wohl bei weitem die beschwerlichste Route, um zu den Pyrenäen zu gelangen. Die deutschen Pilger des Spätmittelalters benutzte die *via Podensis* deshalb wohl kaum; sie zogen lieber durch das Rhônetal, wie der Pilgerführer des Hermann Künig von Vach im 15. Jahrhundert empfiehlt[58]. Möglicherweise spielte bei diesen Entscheidungen auch eine Rolle, daß die Rhône als Wasserweg zur Verfügung stand. Allerdings war die Schiffsreise oft nur flußabwärts möglich. Im Spätmittelalter bevorzugten die Pilger und Kaufleute in der Regel den Landweg. Die Gründe dafür waren die Flußzölle sowie die Unsicherheit durch Überfälle und Naturgefahren[59]. Aber nicht nur dies. Wenn man den beschwerlichen Weg auf sich nahm, so war die Anziehungskraft des Grabes der hl. Fides in Conques zwar im 11. und 12. Jahrhundert gegeben, aber kaum noch im Spätmittelalter[60]. Wie Reliquienkult und seine Geschichte die Benutzung von Wegen beeinflussen konnte, zeigt auch das Beispiel von Vézelay. Seit dem 12. Jahrhundert stritt der Ort mit St-Maximin bei Aix darum, wer die echten Reliquien der hl. Maria Magdalena besitze[61]. Als der Streit im 13. Jahrhundert zugunsten von St-Maximin entschieden wurde, ging auch der Besuch von Vézelay und entsprechend die Benutzung des dort beginnenden Weges zurück[62]. So standen Pilger, Kultstätten und Wege in einer ständigen Wechselbeziehung. Vorhandene Kultstätten und Wege zogen Pilger an; andererseits beeinflußten die Pilger mit ihrer Wahl der Heiligtümer und der Wege auch die Kultgeographie eines Raumes.

Das klassische Pilgerbuch aus dem 12. Jahrhundert: der Liber Sancti Jacobi

Es ist also fraglich, ob es bestimmte, festgelegte Wege der Pilger gab. Aber gewiß wurden in einem Zeitalter der Mündlichkeit Wege in den Herbergen und unterwegs immer wieder empfohlen, oder es wurde von gefährlichen Strecken abgeraten. Varianten der Mirakelgeschichten lassen erkennen, daß diese mündliche Kommunikation sicher besser funktionierte als wir heute glauben. Dennoch schrieben einzelne Zeitgenossen ihre Hinweise zuweilen auf. Für Compostela ist der Pilgerführer im schon genannten *Liber Sancti Jacobi*[63] aus dem 12. Jahrhunderts als wegweisend zu bezeichnen. Das Jakobsbuch ist im 12. Jahrhundert wohl in Compostela zusammengestellt worden, jedoch könnten einige Teile durchaus auf frühere Texte zurückgehen. In dieses Buch, das mit seinen Teilen über die Jakobusliturgie (I), die Wunderberichte (II), die Erzählung der Jakobustranslation (III), die Taten Karls des Großen auf der Iberischen Halbinsel und dessen Verehrung des Jakobsgrabes (IV) verschiedene Aspekte des Jakobskults berücksichtigt, ist als fünfter Teil ein Pilgerführer integriert[64]. Neben der deutlich werbenden Funktion für den Besuch des für die meisten europäischen Pilger wirklich am »Ende der Welt« liegenden Compostela vereinigt dieses Büchlein mehrere Traditionen: die Auflistung der Wegstrecken zum Pilgerziel, die Darlegung der Eindrücke über den Weg in den verschiedensten Facetten und schließlich die mit der Schilderung des Zieles selbst.

Tradition der Wegbeschreibungen

❡ Schon aus der Antike sind Wegebeschreibungen *(Itinerarien)* überliefert; sie wurden vornehmlich zu militärischen Zwecken aufgezeichnet[65]. Seit dem frühen Mittelalter finden sie sich als Listen oder Karten, oftmals in andere Quellen integriert. Berühmt sind neben dem Itinerarium der Nonne Egeria von Anfang des 5. Jahrhunderts das des fränkischen Mönches Bernhard aus dem 9. Jahrhundert sowie das in die *Annales Stadenses* integrierte fiktive Gespräch über die verschiedenen Wege nach Rom aus dem 13. Jahrhundert[66]. Auch kartographische Gestaltungen gehören dazu: Die *Tabula Peutingeriana* ist die Kopie einer römischen Straßenkarte aus dem 4. Jahrhundert, die man vermutlich im 13. Jahrhundert angefertigt hat. Seit dem Ende des 15. Jahrhunderts wurden Itinerarien häufiger in Karten umgesetzt, besonders bekannt ist die Romwegkarte von etwa 1500, die vielleicht von dem Nürnberger Kompaßmacher, Astronomen und Arzt Erhard Etzlaub stammt[67].

❡ Neben Wegbeschreibungen, die für alle Reisenden wichtig waren, gab es für Pilger spezielle Aufzeichnungen über die Heiltümer an den jeweiligen Zielorten; dabei traten im späten Mittelalter – besonders für die Pilgerziele Rom und Jerusalem – die jeweils erwerbbaren Ablässe in den Vordergrund[68]. Allerdings ist die Abgrenzung eines Reiseführers von einem Reisebericht[69] nicht ganz leicht, denn in den einschlägigen Werken mischen sich eigene Erfahrungen oft mit Hinweisen und Empfehlungen für nachfolgende Pilger. Vielfach wurden Pilgerführer auch in Reiseberichte integriert und sind gar nicht eigenständig überliefert.

Der Liber Sancti Jacobi

❡ Wie greift nun der *Liber Sancti Jacobi* mit seinem Pilgerführer nach Santiago de Compostela aus dem 12. Jahrhundert die verschiedenen Merkmale dieser Traditionen auf? Die ersten beiden sowie das dritte Kapitel[70] nennen vor allem die Wegstrecken zum Pil-

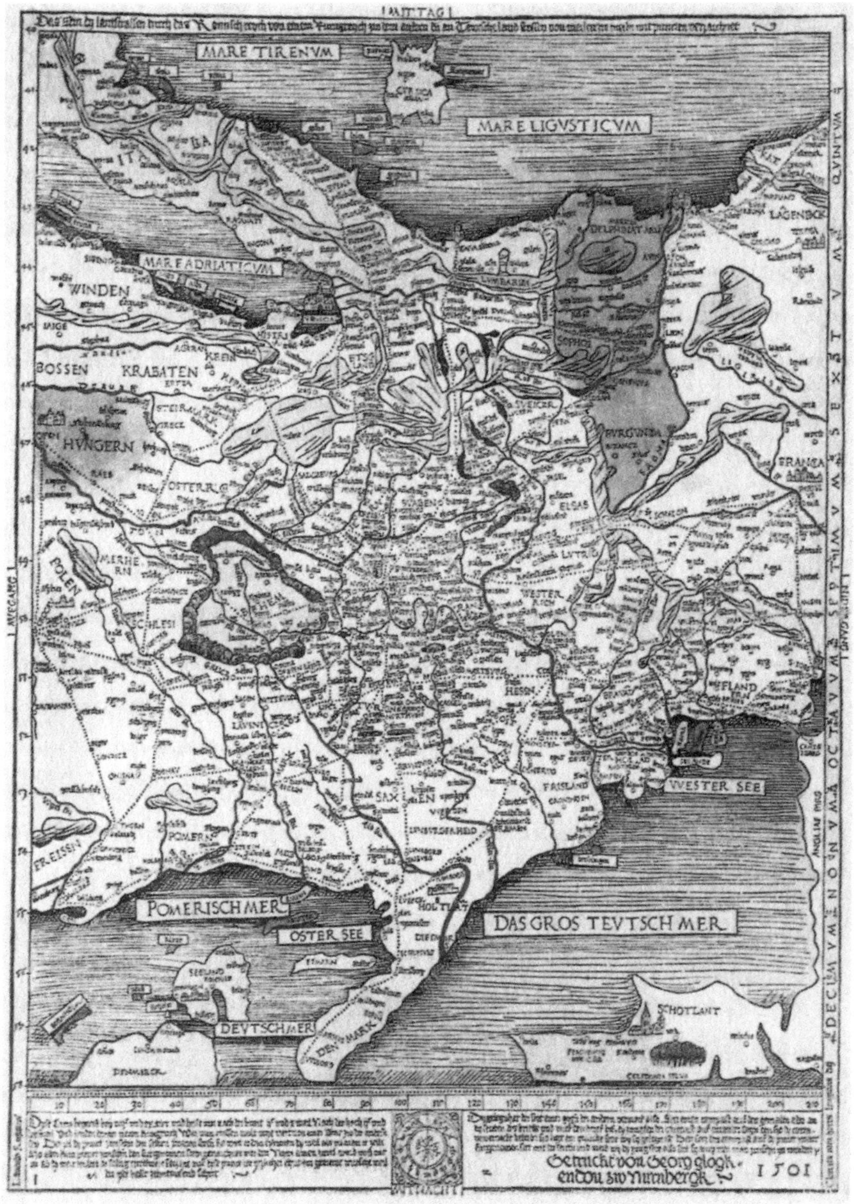

Mitteleuropäische Landstraßenkarte des Nürnbergers Erhard Etzlaub (1501)

gerort, das neunte Kapitel führt durch die Stadt und die Basilika von Santiago. Dazwischen werden jedoch detaillierte und wertende Angaben zu Flüssen und Trinkwasserstellen, über Landschaften und Völker am Wege sowie zu den Kult- und Devotionsstätten, die unterwegs tunlichst aufgesucht werden sollten, eingeschaltet[71]. Gerade diese Teile machen den Pilgerführer zu einem auch kulturgeschichtlich besonders interessanten und einzigartigen Werk; kaum ein Werk zum Jakobskult und zu den Jakobswegen zitiert nicht aus diesen Passagen.

❡ Weil die Streckenführung dieses Büchleins nicht nur in späteren Itinerarien und Berichten, sondern auch in der heutigen Forschung immer wieder als Orientierung gilt[72], seien zumindest die ersten beiden Kapitel mit der Wegführung in Frankreich und Spanien hier wiedergegeben:

> ❡ »Vier Wege führen nach Santiago, die sich zu einem einzigen in Puente la Reina in Spanien vereinen; einer geht über St-Gilles, Montpellier, Toulouse und den Somportpaß, ein anderer über Notre-Dame in Le Puy, Ste-Foy in Conques und St-Pierre in Moissac, ein weiterer über Ste-Marie-Madeleine in Vézelay, St-Léonard im Limousin und die Stadt Périgueux, ein letzter über St-Martin in Tours, St-Hilaire in Poitiers, St-Jean in Angély, St-Eutrope in Saintes und die Stadt Bordeaux. Diejenigen Wege, die über Ste-Foy, St-Léonard und St-Martin führen, vereinigen sich in Ostabat, und nach dem Überschreiten des Cisapasses treffen sie in Puente la Reina auf den Weg, der den Somportpaß überquert; von dort gibt es nur einen Weg bis Santiago.
> Vom Somportpaß bis Puente la Reina sind es drei kleine Etappen: Die erste geht von Borce, einem Dorf, das am Fuße des Somport auf der gascognischen Seite gelegen ist, bis nach Jaca; die zweite von Jaca bis nach Monreal; die dritte von Monreal bis nach Puente la Reina.
> Vom Cisapaß bis nach Santiago verbleiben dreizehn Etappen. Die erste reicht vom Ort Saint-Michel, auf der gascognischen Seite am Fuß des Cisapasses, bis nach Viscarret und diese Etappe ist kurz; die zweite von Viscarret bis Pamplona ebenso, die dritte führt von der Stadt Pamplona bis nach Estella. Die vierte von Estella bis nach Nájera wird mit dem Pferd zurückgelegt, die fünfte von Nájera bis zur Stadt Burgos ebenso mit dem Pferd; die sechste geht von Burgos bis Frómista; die siebente von Frómista bis Sahagún; die achte von Sahagún bis zur Stadt León; die neunte von León bis Rabanal, die zehnte von Rabanal bis Villafranca, an der Mündung des Valcarce, nachdem man den Monte Irago überquert hat. Die elfte führt von Villafranca nach Triacastela über den Cebreropaß, die zwölfte reicht von Triacastela nach Palas del Rey; die dreizehnte von Palas del Rey bis nach Santiago ist kurz.«[73]

❡ In einer Zeit, als die Mobilität zunahm – nicht nur Pilger, sondern auch Händler, Kaufleute, Handwerker, Studenten und andere Personengruppen waren im späten Mittelalter in immer größerer Zahl unterwegs[74] –, entstand zugleich das Bedürfnis, übliche Routen noch genauer aufzuzeichnen. Die verschiedensten Itinerarien werden im späten Mittelalter präziser und sind oft mit Meilenangaben versehen, sie werden gegenüber ihren frühmittelalterlichen Vorläufern[75] zu verwertbaren, praktischen Gebrauchsbüchern. Das Brügger Itinerar aus dem 15. Jahrhundert[76] oder Jörg Gails vornehmlich für Fernkaufleute zusammengestelltes
22–23 *Raißbüchlein* von 1563[77] sind Beispiele

dieser Textsorte. Einige Reiseberichte des 15. und 16. Jahrhunderts besitzen wohl aus ähnlich pragmatischen Gründen Anhänge mit einer Auflistung von Etappenorten und Meilen, in anderen sind solche praktischen Informationen in die Reiseberichte integriert. Mit diesen Texten gewinnen wir wie mit den frühesten Karten[78] einen ersten Zugriff auf die zur jeweiligen Zeit häufig benutzten Reiserouten, die auch bei Pilgern oft nach persönlichen Motiven stark variieren konnten[79]. Pilger wichen von üblichen Wegen ab, um andere Devotionsstätten zu besuchen, Pilger waren teilweise auch als Boten oder in diplomatischer Mission unterwegs und besuchten ausländische Höfe; die zahlreichen Variationen spiegeln einige der erhaltenen Berichte aus dem 15. Jahrhundert. Die Intention solcher Wegstreckenbeschreibungen zielte dabei stets auch auf spätere Pilger oder Reisende, ein pragmatischer Aspekt der Niederschriften ist vielfach deutlich.

¶ Zweck und Rezeption von Pilgerführern und Pilgerberichten waren grundsätzlich verschieden; dennoch läßt sich beides vielfach nicht säuberlich scheiden. Schon der Pilgerführer des 12. Jahrhunderts steht in den Traditionen von Gebrauchstext, Literatur und Propaganda, er vereinigt Weg-, Orts- und Völkerbeschreibungen. Der »Faszinationstyp« Pilger- und Reiseliteratur ist in der Forschung aber wesentlich durch diesen vorbildhaften Führer des 12. Jahrhunderts geprägt worden[80]. Erst im 15. Jahrhundert sind Berichte und Führer stärker zu scheiden. Es gibt seit dem 15. Jahrhundert deutlich gekennzeichnete subjektive Berichte über Pilgerfahrten, mit allen Vor- und Nachteilen für die Auswertung[81], während Pilgerführer auch von den Reiseerfahrungen der Händler profitierten, die teilweise auch gleichzeitig – wenigstens zeitweise – zu Pilgern wurden[82].

»Die walfart und straß zu sant Jacob« des Hermann Künig von Vach (1495)

¶ Der wohl 1495/96 erstmals gedruckte deutsche Pilgerführer des Hermann Künig ist zum einen deutsch geschrieben, zum anderen explizit an deutsche Pilger gerichtet, so daß das Büchlein mit Recht als der »klassische deutsche« Pilgerführer nach Compostela bezeichnet werden kann. Der *Liber sancti Jacobi* des 12. Jahrhunderts kennzeichnete Wege und Etappen nach Compostela, in einem eigenen Kapitel ausführlich den Zielort und die dortige Kathedrale samt den zugehörigen Institutionen[83]. Anders ist die Gewichtung von Weg und Ziel im Büchlein Hermann Künigs. Hier nimmt die Beschreibung des Weges einschließlich der Entfernungen und Unterbringungsmöglichkeiten – das Itinerar – fast den gesamten Raum ein. Dem Zielort widmet es nur wenige Zeilen. In Compostela gab es ja auch keine so große Zahl heiliger Stätten wie in Rom oder Jerusalem, so daß der Weg stärker in den Vordergrund rückte. Außerdem galt vielleicht schon seit dem frühen Mittelalter der ungleich weite Weg als größte Schwierigkeit. Weg und Straße spielen in den Titeln der verschiedenen Druckauflagen von Hermann Künigs Beschreibung eine entsprechende Rolle.

Vermutliche Herkunft Hermann Künigs

❡ Konrad Häbler hat die verschiedenen Ausgaben dieses einmaligen Werkes gesichtet und den wohl ältesten Druck von circa 1495 Ende des 19. Jahrhunderts erstmals als Faksimile zugänglich gemacht[84]. Nur diese, auch hier für Faksimile und neuhochdeutsche Übertragung zugrunde gelegte Ausgabe hat ein Schlußkolophon (Vers 642–650), das neben dem Hinweis auf die Abfassungszeit am Annatag (26. Juli) 1495 zumindest einige Angaben über den Verfasser[85] enthält.

❡ Nach diesen Bemerkungen gehörte Hermann Künig dem Servitenorden an, denn »mergenknecht« (Marienknecht) war die deutsche Bezeichnung für ein Mitglied dieses Ordens, der in der Mitte des 13. Jahrhunderts in Italien entstanden war. Kombiniert man die Ordenszugehörigkeit mit der Ortsangabe »Vach« (Vers 1), dann wird man eher auf das Servitenkloster in Vacha an der Werra (nordöstlich von Fulda) als vermutliche Heimat unseres Autors verwiesen, weniger auf eine oberdeutsche Herkunft, wie sie noch Häbler annahm[86].

❡ Die Sippe Künig (König) ist in Vacha mehrfach belegt, und ein Hermann König ist in den Quellen zur Klostergeschichte für die Jahre 1479 und 1486 nachgewiesen; im früheren Beleg wird er als Terminierer (Almosenbitter) des Klosters bezeichnet, der spätere führt ihn als abwesend auf. Ob diese Abwesenheit mit einer eigenen Pilgerfahrt nach Compostela zusammenhängt, kann man nur vermuten, belegen läßt sich dies nicht[87]. Allerdings sind viele der Wegbeschreibungen so detailliert, daß dies für eigene Erfahrungen – wenigstens auf einigen der von Künig vorgestellten Wege – spricht. Über das weitere Schicksal des Autors ist nichts bekannt.

Die Sprache des Verfassers

❡ Läßt sich die Herkunft des Autors aus dem mitteldeutschen Gebiet auch durch eine Untersuchung der Sprache in der ältesten Druckfassung des Büchleins stützen? Dabei dürfte man davon ausgehen, daß seine Ordenszugehörigkeit in Vacha auch seine Herkunft aus dieser Gegend wahrscheinlich, wenn auch nicht sicher sein läßt. Die ursprüngliche Annahme von Häbler, es handele sich um einen oberdeutschen Dialekt, basierte auch auf der Annahme, der früheste Druck entstamme der Straßburger Offizin von Matthias Hüpfuff (oder: Hupfuff). Häblers Annahme hatte aus philologischer Sicht schon A. Görk 1922 widerlegt[88]. Das grundsätzliche Problem jeder sprachlichen Untersuchung solcher Frühdrucke liegt jedoch darin, daß nur schwer zu entscheiden ist, welcher Anteil dem Autor und welcher dem jeweiligen Drucker zukommt[89]. Immerhin läßt sich festhalten, daß der Text in einem gemäßigten Mitteldeutsch gedruckt ist, das der Sprache des Autors von der Werra, an der Grenze zwischen West- und Ostmitteldeutsch, entsprechen könnte. Die Sprache des Druckes steht dem Originalwortlaut zumindest nahe, wie die Erhaltung der durchweg anspruchslosen Reime in ihrer ursprünglichen Form zeigt. Hervorzuheben sind einerseits die fehlende Diphthongierung (so beispielsweise in den Reimen *schrîn / hin, darin / pîn, mîl / wil* usw.), und zum anderen die schon durchgeführte Monophthongierung in Reimen wie *huten / luten* (für mhd. *hüeten / liuten*), *flyß / genyß* (für mhd. *fliz / gaeniez, verdienen / pynen* usw.). Daneben treten vereinzelte mitteldeutsche Merkmale auf, die aber nicht als typisch für den gesamten Text angesehen werden können. Hierzu gehört die gelegentliche Verschiebung von *u* zu *o* (*hondert, worde, wonderlich, forder* usw.), die Erhaltung von altem *d* statt *t* (*drincken, dranck, duot, deylt* usw.). Auch einige niederdeutsche Einflüsse sind festzustellen (*wesselen* für *wechselen, born* für *brunne, bornet* für *brennet*). Wenn wir also an der Herkunft des Verfassers aus dem mitteldeutschen Gebiet festhalten, so könnte jedoch der vermutete Druckort der ersten Ausgabe, Straßburg, durchaus die sprachliche Gestaltung im einzelnen noch weiter beeinflußt haben.

Die Druckorte und weitere Ausgaben

❡ Wurde aber der Text wirklich in Straßburg bei Matthias Hüpfuff, wie noch Häbler annahm[90], gedruckt? Ist er kurz nach der Abfassung, die ja der Vermerk der ältesten Druckausgabe mit 1495 angibt (Vers 648), in den Druck gegangen? Das einzig bekannte, hier reproduzierte Exemplar des Erstdruckes[91] läßt sich nicht sicher bestimmen; die bisherigen Überprüfungen erlauben Zweifel daran, ob Hüpfuff in Straßburg wirklich der Drucker des ersten Büchleins war. Die Tatsache, daß eindeutig Hüpfuff zugewiesene Drucke erst ab 1496 nachgewiesen sind, wiegt weniger schwer, da das Kolophon die Abfassungszeit, nicht die später liegende Druckzeit nennt. So wäre auch ein späteres Druckdatum (bis etwa um 1500) möglich[92]; eine Zuweisung zum Drucker Hüpfuff bleibt allenfalls vorläufig[93]. Andererseits läßt sich bisher das Büchlein ebensowenig einem anderen Drucker konkret zuordnen[94]. Allerdings, dies ist noch zugunsten des Druckers Hüpfuff ins Feld zu führen, paßt der Titel vom Inhalt und vom Umfang her nicht schlecht in das spätere »Verlagsprogramm« von Hüpfuff[95]. Die Herkunft des Autors und der früheste Druck seines Buches bleiben aber insgesamt nach wie vor nur unsicher bestimmbar.

❡ Der Text des Hermann Künig unterscheidet sich von Pilgerberichten des ausgehenden 15. und des 16. Jahrhunderts nicht nur durch seinen vorschreibenden Charakter als Pilgerführer, sondern auch durch seine hiermit sicherlich zusammenhängende Verbreitung in mehreren Drucken. Dies deutet an, wie sehr man die Ratschläge dieses Führers

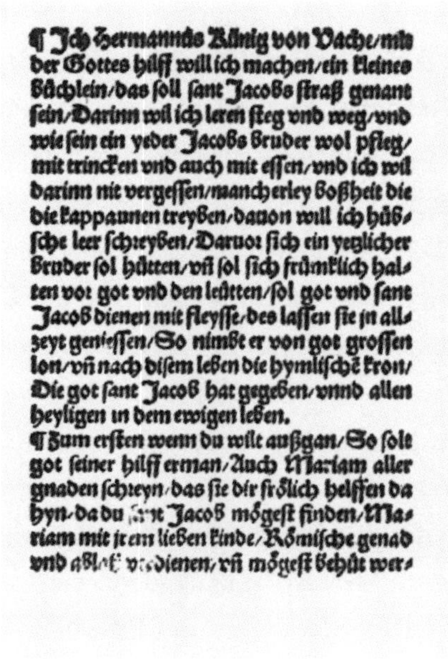

¶ Ich Hermannus Künig von Vach/mit
der Gottes hilff will ich machen/ein kleines
Büchlein/das soll sant Jacobs straß genant
sein/Darinn wil ich leren steg vnd weg/vnd
wie sein ein yeder Jacobs bruder wol pfleg/
mit trincken vnd auch mit essen/vnd ich wil
darinn nit vergessen/mancherley boßheit die
die kappaunen treyben/dauon will ich hüb-
sche leer schreyben/Daruor sich ein yeglicher
bruder sol hütten/vñ sol sich frümklich hal-
ten vor got vnd den leütten/sol got vnd sant
Jacob dienen mit fleysse/des lassen sie jn all-
zeyt geniessen/So nimbt er von got grossen
lon/vñ nach disem leben die hymlischẽ kron/
Die got sant Jacob hat gegeben/vnnd allen
heyligen in dem ewigen leben.
¶ Zum ersten wenn du wilt außgan/So solt
got seiner hilff erman/Auch Mariam aller
gnaden schreyn/das sie dir frölich helffen da
hyn/da du [illegible] Jacob mögest finden/Ma-
riam mit irem lieben kinde/Römische genad
vnd [illegible] [illegible]dienen/vñ mögest behüt wer-

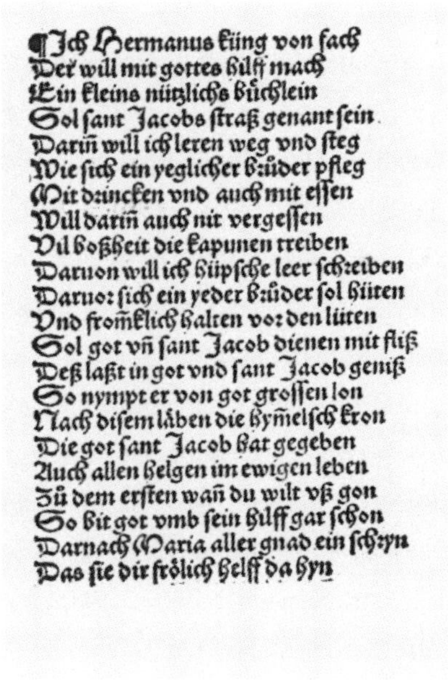

¶ Ich Hermanus küng von fach
Der will mit gottes hülff mach
Ein kleins nützlichs büchlein
Sol sant Jacobs straß genant sein
Darin̄ will ich leren weg vnd steg
Wie sich ein yeglicher brůder pfleg
Mit drincken vnd auch mit essen
Will darin̄ auch nit vergessen
Vil boßheit die kapunen treiben
Darnon will ich hüpsche leer schreiben
Darnor sich ein yeder brůder sol hüten
Vnd from̄klich halten vor den lüten
Sol got vñ sant Jacob dienen mit fliß
Deß laßt in got vnd sant Jacob geniß
So nympt er von got grossen lon
Nach disem låben die hym̄elsch kron
Die got sant Jacob hat gegeben
Auch allen helgen im ewigen leben
Zů dem ersten wan̄ du wilt vß gon
So bit got vmb sein hülff gar schon
Darnach Maria aller gnad ein schryn
Das sie dir frölich helff da hyn

Beginn der undatierten Straßburger (rechts) und der 1520 in Nürnberg (links) gedruckten Ausgabe.

schätzte. Konrad Häbler verzeichnete 1899 noch fünf verschiedene Drucke, die bis 1521 erschienen[96]. Außer dem hier ins Neuhochdeutsche übertragenen Exemplar, das ab 1495 gedruckt worden sein kann, notierte er folgende weitere Drucke: Straßburg (undatiert), Nürnberg (undatiert), Nürnberg (bei Jobst Gutknecht 1520) und Leipzig (1521). Unsicher bleibt, ob eine inzwischen verschollene niederdeutsche Version eine Übersetzung oder eine Bearbeitung des Künigschen Führers ist; der Titel deutet zumindest Bearbeitungen an: *De overen und meddelen Straten van Brunswygk tho Sunte Jacob in Galicien tho Compostella/Anderwerff gecorregeret unde mit mehr thogesatten ... .*[97].

¶ Auch die anderen zitierten oberdeutschen Auflagen haben – obwohl sie keine entsprechende Bemerkung aufweisen – den Text, wie ihn die erste Ausgabe bot, nicht einfach nachgedruckt. Korrekturen bei den Ortsnamen, sprachliche Änderungen oder inhaltliche Varianten konnten zumindest in zwei von den vier bei Häbler verzeichneten Ausgaben des Künigschen Pilgerführers des 16. Jahrhunderts festgestellt werden. Trotz intensiver Recherchen haben wir bisher nur zwei der vier Ausgaben lokalisiert: Den undatierten Straßburger sowie die 1520 gedruckte Nürnberger Druck[98]. Alle diese Drucke sind wohl schon dem 16. Jahrhundert zuzuweisen. Die vergleichenden Untersuchungen von Frieder Schanze[99] führen über die bisher allein auf Häbler beruhenden Angaben zu diesen späteren Drucken deutlich hinaus. Demnach ist von allen vier späteren Drucken die undatierte Nürnberger Ausgabe wohl die älteste, vielleicht etwa aus der Zeit von 1510 bis 1515. Dies macht zumindest der Holzschnitt wahrscheinlich, der sich nicht nur in den Drucktypen des Titels, sondern auch in kleineren Details von dem des Druckes bei Jobst Gutknecht (1520) unterscheidet[100]. Der Holzschnitt könnte Vorlage für das Titelblatt von Gutknecht gewesen sein, das dieser vielleicht von einem neu geschnittenen Holzstock druckte. Die Leipziger Ausgabe ist aufgrund der Typen des Titelblattes wohl dem Drucker Martin Landsberg in Leipzig zuzuordnen. Der undatierte Straßburger Druck, den Häbler noch eventuell auf Hüpfuff beziehen wollte[101], ist wahrscheinlich der jüngste der erhaltenen Drucke. Er entstammt der Offizin von Martin Schürers Erben, deren Nachfolger (Jakob Frölich) noch etwa 1550 den Titelholzschnitt erneut verwendeten, und wurde dort wahrscheinlich zwischen 1520 und 1522 gedruckt.

❡ Die beiden uns zugänglichen späteren Drucke weichen auch sprachlich teilweise ab. Die zuletzt genannte Straßburger »Neuauflage« läßt hier zwei Tendenzen erkennen[102]: Zum einen soll die Qualität der Verse durch Reduzierung überlanger Verszeilen auf eine regelmäßigere Vierhebigkeit hin verbessert werden, was zuweilen auf Kosten der Verständlichkeit gehen kann. Zum anderen wird die Lautung durch Einführung der Diphthongierung »modernisiert«, aber nur soweit dadurch nicht die Reime zerstört werden. Insgesamt scheint diese Druckfassung in sprachlicher Hinsicht von der Absicht geprägt zu sein, eine überregionale, korrekte und moderne Sprache zu verwenden. Einige Details könnten dabei den Druckort Straßburg bestätigen.

❡ Der wohl etwa gleichzeitige Nürnberger Druck von Jobst Gutknecht (1520) unterscheidet sich vom Straßburger durch die konsequente Einführung der Diphthongierung auch in den Fällen, in denen dadurch der Reim zerstört wird. Es reimen hier also aufeinander *hütten / leütten, fleysse / geniessen,* usw. Diese gelegentliche »Reimzerstörung« erscheint aber dadurch etwas gemildert, daß man die Verse nicht mehr abgesetzt, sondern fortlaufend gedruckt hat. Auch ist in die holprigen, überlangen Verse Künigs nicht eingegriffen worden, so daß der Eindruck eines Prosatextes entsteht.

❡ Diese kurze Beschreibung zweier weiterer Drucke zeigt, in welchem Maße der Pilgerführer des Hermann Künig ein »lebender Gebrauchstext« war und je nach Druckort, Verfasser, vielleicht auch nach Zielgruppe, weiter verändert wurde. Die mitteldeutschen Eigenheiten treten zurück, die Straßburger Ausgabe verbessert die Vierhebigkeit in den teilweise jämmerlichen Versen der frühesten Ausgabe, das Druckbild schafft den Eindruck eines Prosatextes. Abhängigkeiten der Drucke untereinander sind allerdings nicht leicht festzustellen; im Straßburger Druck fehlen zwei Verse, die im Nürnberger Druck vorhanden sind; jener ist also nicht die Vorlage für diesen gewesen.

❡ Die Veränderungen der herangezogenen beiden späteren Drucke betreffen nicht nur sprachliche Phänomene. Der Vergleich hilft zuweilen, Irrtümer der ersten Ausgabe zu korrigieren oder Ortsnamen genauer zu identifizieren[103]. Manche falsche Lesart scheint dabei auf falsche oder abgenutzte Lettern zurückzugehen. Vielleicht waren einzelne Angaben sogar an Ort und Stelle überprüft worden, wie ein Beispiel wahrscheinlich machen kann. Seit geraumer Zeit wird im Zusammenhang mit den sogenannten »Pilgerwegen« in der Schweiz die Frage diskutiert, was Hermann Künig mit seiner Angabe zu Luzern, den Berg Pilatus solle man rechts liegen lassen (Vers 54), wohl gemeint habe[104]. Varianten und Möglichkeiten wurden mit viel Detailwissen ins Spiel gebracht. Die Antwort ist wohl einfacher: Hermann Künig bzw. der »erste« Drucker hat sich wahrscheinlich geirrt, denn einer der späteren Drucke ersetzt das »rechts« einfach durch »links«[105].

¶ Vor allem deuten die späteren Drucke aber an, welche Resonanz das Pilgerbüchlein hatte; Auflagen zwischen 200 und 800 Exemplaren der einzelnen Drucke sind durchaus möglich und wahrscheinlich[106]. Setzt man weiterhin voraus, daß einige weitere Drucke verloren gegangen sind, dann dürften Künigs Handreichungen eine für diese Zeit durchaus respektable Verbreitung erlangt haben. Es war zugleich aber wohl weniger ein Buch für Bibliotheken, sondern eher für die Praxis – was den Verlust an Exemplaren erklären könnte. Die veränderten und angepaßten Texte späterer Ausgaben belegen, daß die Texte aktuell blieben – zumindest bis 1520, eine Generation lang.

Die Titelholzschnitte

¶ Aufschlußreich sind die verschiedenen Holzschnitte auf dem Titelblatt der Ausgaben, die alle dem Thema der Jakobspilgerfahrt zuzuordnen sind[107]. Zwei zeigen Pilger auf der Straße, die beiden anderen Darstellungen des hl. Jakobus. Entsprechend sind auch die Titel leicht variiert, im ersten Fall werden der »Straße« noch die »Meilen« hinzugefügt. Die beiden Nürnberger Ausgaben zeigen einen knieenden Pilger vor dem hl. Jakobus, in die Kirche oder das Gebäude tritt zugleich eine Pilgerin; ein Hinweis auf die Beteiligung von Frauen an den Pilgerfahrten. Das Bild der frühesten Ausgabe fällt etwas aus dem Rahmen: Jakobus steht auf einem Dach mit muschelbesetztem Stab. Er ist von zwei Pflanzen umrahmt, die oben in einen Sternenhimmel übergehen. Eine gewisse Ähnlichkeit besteht hier zu Darstellungen des hl. Jakobus in Toulouse und Compostela, die den Heiligen zwischen zwei zypressenähnlichen Bäumen zeigen[108].

Inhalt und Anliegen des Pilgerführers

¶ Der Text der frühesten, hier ins Neuhochdeutsche übertragenen Ausgabe besteht aus 651 Zeilen in Paarreimen (meist Vierhebern) in einer äußerst kargen und anspruchslosen Sprache. Die Reime sollten vielleicht helfen, den Text zu memorieren[109], außerdem wurde die Versform zu Ende des 15. Jahrhunderts fast selbstverständlich als die angemessene Form für einen solchen Text angesehen. Der Leser wird als Pilger direkt in der zweiten Person angeredet: »Du sollst« oder ähnlich, somit wird auch formal der Unterschied zu Pilgerberichten deutlich. Was zeichnet aber den Inhalt des Textes aus? Eine für diese Zeit durchaus außergewöhnliche Genauigkeit – wenn auch nicht jede Meilenangabe heutigen Ansprüchen an exakte Entfernungsangaben entspricht[110] –, Hinweise

Die straſz vnd meilen
zů sant Jacob vß vnd yn in war/
heit gantz erfaren findstu
in disem bůchlin.

Straßburger Ausgabe (undatiert)

zu den Strecken, zu Verpflegung, Unterkünften und Wirten, zu Zöllen und den benötigten Währungen. Seine Orientierungshilfen betreffen Weggabelungen, Berge, Schlösser, Brücken, Fähren, er beschreibt Versorgungsstellen mit Wasser, Präbenden (milden Gaben), er gibt Ratschläge, um Proviant oder Geld zu sparen oder um eine geeignete, günstige Unterkunft zu finden, und vermerkt stets den Wechsel der Währung[111]. Zugleich hält Künig mehrfach auch nicht mit seinem Urteil über die eine oder andere Unterkunft oder das Bedienungspersonal zurück.

❡ Knapper fallen allerdings seine Hinweise zu den anfangs hervorgehobenen *vill heiliger stett* (Vers 31) aus: die hl. Anna in Lausanne, die Pilgerzeichen in Saint-Antoine, die Reliquien in Toulouse, die Wundergeschichte von Santo Domingo de la Calzada, Compostela selbst – das ist schon fast alles an konkreten Hinweisen auf dem Hinweg über die sogenannte »Oberstraße«. Auf dem Rückweg werden nur St. Martin in Tours, Valenciennes und Aachen ein wenig ausführlicher erläutert.

❡ Der Weg wird nicht nur durch diese »heiligen Stätten« unterwegs konstituiert[112], sondern auch durch mit einzelnen Orten verbundene Erzählungen, wie der Pilatussage in Luzern, dem Hühnermirakel in Santo Domingo de la Calzada oder der Geschichte vom bösen Spitalmeister in Burgos, die auch im Lied »Wer das elent bawen wel« vorkommt. Vielleicht könnte das Lied hier den Pilgerführer des Hermann Künig beeinflußt haben[113].

❡ Die Strecke wird insbesondere für den deutschen Pilger aufbereitet: Freunde deutscher Pilger werden empfohlen, vor Feinden deutscher Pilger wird gewarnt, zahlreiche

Nürnberger Ausgabe (undatiert), Leipziger Ausgabe (1521)

Ortsnamen oder Währungsangaben finden sich in einer verdeutschten Form – der Weg gewinnt so für den deutschen Pilger seine eigene Struktur; Hinweise auf »Welsches« unterstreichen diese Abgrenzung. Vielleicht läßt sich die auffallend deutliche Trennung von Deutschem und Fremdem sogar sozialgeschichtlich deuten: Adlige oder Patrizier, die fremde Höfe besuchten und über Dolmetscher verfügten, nahmen Fremdes anscheinend ganz anders auf und beschrieben es zugleich unterschiedlich; für den einfachen Pilger war die Fremde in stärkerem Maße bedrohlich, denkt man allein an das Problem, sich in der Fremde verständlich zu machen[114]. Für diese Gruppe »einfacher Pilger« scheint Hermann Künig geschrieben zu haben, obwohl die Drucke des Buches sicherlich nur von Lesekundigen rezipiert werden konnten. Zusammen mit dem Pilgerlied »Wer das elent bawen wel« steht der Künigsche Führer somit eher für die zahllosen einfachen Pilger des ausgehenden 15. und beginnenden 16. Jahrhunderts.

❡ Offensichtlich war sich der Verfasser auch der Nützlichkeit seines Büchleins bewußt, denn in seinen Anfangsversen (5–17) faßt er zusammen, womit er helfen will, und wenig später preist er nochmals sein Büchlein an (Vers 33–39), fast wie ein moderner Klappentext. Die Wegbeschreibungen selbst folgen in der Regel einem bestimmten Verfahren. Künig skizziert oftmals zunächst eine Etappe grob, beschreibt sie dann im einzelnen und faßt sie schließlich nochmals zusammen[115]. In dieser Art gegliedert erscheinen die Etappen von Einsiedeln nach Saint-Antoine, von Nîmes nach Montpellier,
0–31 von Montpellier nach Toulouse, von Toulouse nach Orthez, für das »Armagnac«, für

die Strecke von León nach Astorga, von (Burgos) Pamplona nach Bayonne, von Bayonne nach Bordeaux (sowie für die Variante über die »kleine Heide«), von Paris nach Amiens und von dort nach Arras. Dieses Bemühen des Autors um Strukturierung wird allerdings leider nicht durch Absätze oder Überschriften im Druck unterstützt; und dem Versehen des Druckers ist möglicherweise auch der zu zeitige Hinweis auf eine Wegvariante zuzuschreiben, wenn schon bald nach Burgos der Weg in Richtung Straßburg kurz eingeführt wird[116].

❡ Aufschlußreich für die im Text zu erwartenden Hilfestellungen, aber auch für die Frage, ob und welche Wege der Autor vielleicht selbst erkundet hat, ist ein Vergleich des quantitativen Verhältnisses der verschiedenen Wegbeschreibungen zueinander. Schon bei der ersten Lektüre fällt ein deutliches Ungleichgewicht auf, das jedoch sachliche Gründe zu haben scheint. Der Hinweg über die sogenannte »Oberstraße« ist dem Autor gut 520 Verse wert, für den Rückweg auf der »Niederstraße« genügen einschließlich einiger Wegvarianten knapp 130 Verse. Die Angaben über den Weg von den Pyrenäen über Paris bis nach Aachen sind streckenweise so dürftig, daß konkrete Hilfe für Pilger nur an einigen Punkten gegeben war. Gliedert man die Textanteile anders auf, indem man der Strecke Einsiedeln–Pyrenäen und Pyrenäen–Aachen der Beschreibung Spaniens gegenüberstellt, so ergibt sich folgendes Bild:

Einsiedeln–Roncesvalles: 333 Verse
Roncesvalles–Santiago: 190 Verse
Santiago–Pyrenäen/Bayonne: 24 Verse
Pyrenäen/Bayonne–Aachen: 104 Verse.

❡ »Die Detailfreude Hermann Künigs nimmt also – nahezu graduell – ab, je weiter er sich von seinem Ausgangspunkt entfernt«, folgert Stolz aus dieser Aufteilung[117]. Worin könnten die Gründe liegen? Zunächst ist unmittelbar einsichtig, daß der mit dem Hinweg identische Rückweg von Santiago nach Burgos/Pamplona nur gerafft erscheint. Hatte aber der weitere Weg von den Pyrenäen bis Aachen so wenig zu bieten, daß er nur in dieser knappen Form vorgestellt wird? Sicherlich folgt Künig hier zugleich bestimmten Traditionen; der Pilgerführer des 12. Jahrhunderts nennt nur die Wege zum Heiligtum, keine Wege zurück; und vielleicht ließ es nur die Bedeutung von Aachen im 15. Jahrhundert nötig erscheinen, auch den Rückweg bis dorthin etwas ausführlicher zu beschreiben. Betrachtet man die Zeilen mit den verschiedenen Varianten südlich von Bordeaux sowie die wohl teilweise am falschen Ort eingefügten Verse über den Weg nach Lothringen und nach Straßburg[118], so hat der Autor zumindest hier wohl nicht nur aus eigener Wegerfahrung berichtet.

❡ Für das Mißverhältnis zwischen der Beschreibung von Schweiz/Frankreich und Spanien ließe sich geltend machen, daß im 15. Jahrhundert die Infrastruktur des »Camino francés« durch Nordspanien so gut ausgebaut war, daß sich Künig mit weniger Hinweisen als für Frankreich begnügen konnte. Für Spanien genügte es, auf einige besonders gefährliche Wegabschnitte – wie bei Bergüberquerungen – oder auf einige sonstige Traditionen am Weg – wie zu Burgos oder Santo Domingo – hinzuweisen. Auch solche Einschübe fehlen sonst auf dem »Rückweg«, der im Gegensatz zu den ersten Abschnitten wesentlich stärker Itinerar ist. Künigs Interesse am französischen Weg – besonders auf dem Hinweg über die »Oberstraße« – läßt sich durch eine weitere Beobachtung präzisieren. Von der Pilgerwegforschung ist bisher zu wenig ins Blickfeld gerückt worden, welche Bedeutung die Niederlassungen der Antoniter im Pilgerführer Künigs spielen[119].

❡ Nicht nur im Künigschen Itinerar, sondern auch in vielen anderen Berichten ist belegt, daß viele der süddeutschen Pilger Saint-Antoine im Viennois besuchten; die Niederlassungen des Ordens säumten auch sonst die Strecke, welche die meisten Pilger aus Deutschland einschlugen: durch die Schweiz, durch Savoyen und das Rhônetal über Montpellier und Toulouse zu den Pyrenäen. Aus dieser Perspektive scheinen die mehrfachen expliziten Nennungen von Antoniterniederlassungen bei Hermann Künig, die er gerne »sant tonges«-Kirche (oder ähnlich) nennt, nur der geringe, belegte Teil eines größeren, von Pilgern gern und häufig in Anspruch genommenen Versorgungsnetzes, besonders in Frankreich während des 15. Jahrhunderts, gewesen zu sein. Vergleicht man die bei Mischlewski gebotene Karte der Antoniterhäuser mit den Wegstrecken Künigs und anderer Santiagopilger dieser Zeit, so bemerkt man, wie dicht dieses Netz im Rhônetal und in Südfrankreich war[120]; weitere Untersuchungen müßten hier Klarheit schaffen.

❡ Damit dokumentiert der Pilgerführer Hermann Künigs aber auch die den Pilgern gebotene Infrastruktur in dieser Gegend im 15. Jahrhundert. Dies erscheint um so interessanter, als Künigs Itinerar im südlichen Frankreich durchaus von der Streckenführung der noch im 12. Jahrhundert im Pilgerführer des *Liber Sancti Jacobi* propagierten *via tolosana* abweicht. Und wenn der Pilgerführer des 12. Jahrhunderts schreibt »Die Burgunder und Deutschen, die über die Straße von Le Puy nach Santiago ziehen ...«[121], dann scheint hier auch Kultpropaganda für Conques und andere auf dieser Strecke folgende Orte mitbestimmend gewesen zu sein. Das Rhônetal und der anschließende südliche Weg waren schon im 12. Jahrhundert vereinzelt für deutsche Pilger belegt[122], im 15. Jahrhundert wurde diese Strecke – auch beim Vergleich mit weiteren Pilgerberichten – wohl gerade von deutschen Pilgern am häufigsten benutzt.

❡ So wenig brillant der Pilgerführer Hermann Künigs unter literarischen oder sprachlichen Gesichtspunkten sein mag, für den Historiker und Volkskundler gewinnt er einen besonderen Wert, weil er vornehmlich von praktischen und sehr unmittelbaren Bedürfnissen der Pilger ausgeht. Mit Vorsicht gelesen, bietet er somit Einblick in den
32-33 Pilgeralltag, in die spezifischen Probleme von Quartier, Betrug, Geldwechseln, Zollab-

gaben, Wasserstellen und Unterstützung am Weg. Die Schwierigkeiten, auch nur annähernd alle im Führer genannten Spitäler zu identifizieren, deuten an, wie dicht das Versorgungsnetz zu Ende des 15. Jahrhunderts geknüpft war[123]. Künigs Hinweise zu diesen praktischen Problemen sind eingebettet in die Frömmigkeit der Zeit, bei der das Pilgerzentrum Compostela schon von vornherein seinen Ruf hatte und ohne weiteres mit Marien- und Annenverehrung verbunden werden konnte.

¶ Der folgende Abdruck von Faksimile und neuhochdeutscher Übertragung greift im Kommentar verschiedene der hier angedeuteten Probleme auf. Dabei werden zwischen den Zeilen die jeweiligen heutigen Ortsnamen über den Künigschen Ortsbezeichnungen deutlich, so daß die vorgeschlagene Wegstrecke auch hier zusammen mit der Karte (s. 108/109) verfolgt werden kann.

Die walfart vnd Straß zu sant Jacob.

Jch Hermannus künig von Vach
Mit gottes hulff wil mach
Eyn kleynes buchelyn
Das sal sant Jacobs straß genant syn
Dar inne ich wil leren wege vnd stege
Vnd wie syner eyn iglicher iacobs bruder sal pflegē
Mit drincken vnd auch mit essen
Auch wil ich dar jnne nicht vergessen
Mancherley bößheit die die kappün triben
Da von wil ich hübsche lere schriben
Da vor sich eyn iglicher brüder sal hüten
Vnd sal sich frömlich haltē vor got vnd vor dē lütē
Vnd sal got vnd sant Jacob dienen mit flyß
Des lest jnnen got vnd sant Jacob genyß
So nympt er von got grössen lön
vnd nach dißem leben die hymelsche krön
die got sant Jacob hatt gegeben
vnd allen heiligen in dem ewigen leben
Zü dem ersten wan du wilt vßgan
So saltu got syner hulff ermanen
Dar nach Marien aller gnaden eyn schryn
Das se dir wollen frölich helffen da hyn
Da du sant Jacob mögest mit andacht finden
Marien mit jrem lieben kinde
Römsch gnad vnd ablaß zü verdienen
Dastü mogst behüt werden vor der hellen pynen
Darumb saltü es frölichen heben an
Vnd salt erst zü den Eynsideln gan
Da findestü Römsche gnad vber die maß
Da kompstü dan vff die ober straß
Dar vff du findest vill heiliger stett
Dar nach mancher brüder syn hertz abe gett

Neuhochdeutsche Übertragung des Textes von 1495

Ich, Hermann Künig von Vach,
will mit Gottes Hilfe
ein kleines Büchlein machen,
das »Sankt Jakobs Straße« heißen soll.
Darin will ich Wege und Stege beschreiben,
und wie sich jeder Jakobusbruder[1]
mit Trinken und Essen versorgen soll.
Auch will ich darin
mancherlei Gemeinheiten der Kapaune[2] nicht unerwähnt lassen.
Auch darüber will ich ansprechende Belehrung geben,
wovor jeder Bruder sich in acht nehmen soll und daß
er sich vor Gott und den Leuten brav halten
und Gott und Sankt Jakob mit Eifer dienen soll.
Das werden Gott und Sankt Jakob ihm vergelten:
So wird er von Gott großen Lohn erhalten
und nach diesem Leben die himmlische Krone,
die Gott Sankt Jakob und
allen Heiligen mit dem ewigen Leben gegeben hat[3].
Zunächst, wenn du aufbrechen willst,
sollst du Gott um seine Hilfe bitten,
danach Maria, die Gnadenreiche,
damit sie beide bereit sind, dich unbeschwert dorthin zu bringen,
wo du Sankt Jakob mit Andacht finden mögest
sowie Maria mit ihrem lieben Kinde,
um römische Gnade und Ablaß[4] zu erwerben,
damit du von den Höllenqualen verschont werden mögest.
Darum sollst du fröhlich damit beginnen
EINSIEDELN
und sollst zuerst nach *Eynsideln*[5] gehen.
Dort findest du überreichlich römischen Ablaß.
Da kommst du dann auf die »Oberstraße«[6],
an der du viele heilige Stätten finden wirst,
36–37 nach denen sich viele Brüder in Sehnsucht verzehren,

Der wol lenger mocht leben
Wolt er mercken diß buchlyn eben
Vnd wolt folgen myner lere
So kem er zů sant Jacob desta frölicher
Vnd worde behůt vor mãncherley sorgfeldikeyt
Die manchem brůder bringt in grösses leyt
Vnd manchem begegnet größ vngeluck
Hir vmb findestu zů den Eynsideln eyn bruck
Sollich vngluck zů vermyden
Saltu erst eyn hogen berg anstigen
By den crucen saltu vff dyn knye fallen
Vnd salt es got vnd Marien lassen wallen
Vnd salt sie bitten on vnderlaß
Das sie dich wollen behůten vff der straß
Dan saltu dich got gantz ergeben gern
So findestü yber .iiij. myl eyn stat heist Lucern
Die stat ligt in eynem grössen sehe
Da můstu vber eyn lange brucken gehen
Vnd als ich von vyl gelerten hab gehört
So ist Pilatus võ Rom vß der tyber da hyn gefurt
Vff eynen berg Montefracte genant
Den lastu lyggen vff die rechten hant
Dar vff lygt er in eynem grössen sehe
Da by keyn mensch oder frhe darff gehen
Vnd wurde etwas geworffen dar in
So kem das gantz land in grösse pyn
Mit donnern hageln vnd blycken
Hir vmb wold es sanctus Gregorius also schicken
Das er jn von Röm vß der tyber hat genomen,
Dan er thet den Romern keynen frommen
Dan die tyber vnd des wetters beweglikeyt
Bracht dick die Römer in grösses hertzen leyt

die gewiß länger leben könnten,
wenn sie dieses Büchlein genau beachten
und meinen Weisungen folgen wollten.
So kämen sie um so unbeschwerter zu Sankt Jakob
und wären vor vielerlei Gefahren behütet,
die viele Brüder in großes Leid bringen
und viele großem Unglück begegnen lassen.
So findest du zum Beispiel bei *Eynsideln* eine Brücke[7]:
Um solches Unglück zu vermeiden,
sollst du zuerst einen hohen Berg (Etzel) hinauf gehen,
bei den Kreuzen sollst du auf die Knie fallen
und sollst dein Schicksal Gott und Maria anvertrauen
und sie inständig bitten,
daß sie dich auf der Straße behüten mögen.
Dann sollst du dich ganz in Gottes Willen ergeben.

LUZERN

Daraufhin stößt du nach vier Meilen[8] auf eine Stadt mit Namen *Lucern*[9].
Die Stadt liegt in einem großen See[10].
Dort mußt du über eine lange Brücke[11] gehen,
und wie ich von vielen Gelehrten[12] gehört habe,
ist Pilatus von *Rom* aus dem Tiber dorthin gebracht worden,
und zwar auf einen Berg, der Montefracte[13] genannt wird.
Diesen läßt du rechter Hand liegen[14].
Auf dem liegt er [Pilatus] in einem großen See,
dem sich kein Mensch oder Tier nähern darf,
und wenn etwas hinein geworfen würde,
so geriete das ganze Land
durch Donner, Hagel und Blitze in große Not.
Deshalb war es der Wille des hl. Gregor[15], es so einzurichten,
daß er in *Rom* aus dem Tiber genommen würde,
denn er schadete den Römern,
weil der Tiber und die Launenhaftigkeit des Wetters
die Römer oft in große Bedrängnis brachten,

38–39

Als es dick vnd vyl iſt geſchehen zů Lucern
Dar nach haſtü.vij.myl gen Bern
dar nach.uij.myl in eyn ſtat iſt Frybuꝛg genant
die iſt gelegen jn Vchtelant
Die lygt ebentürlich vnd hat eynē thürn ꝺ iſt ſchön
dar nach haſtü.vij.myl gen Merdon
das iſt eyn kleyne zůrbrochne ſtat
Wiltü aber ghen gen Reymond iſt myn rat
Von Merdon vber.iij.myl komeſtü dan
Jn eyn ſtat iſt geheyſſen Loſan
Da lygt ſant Anna die můter Marien
der beyder lob ſaltü nicht verſchwigen
Jnnen zů dienen ſaltü ſyn gar ſchnel
Vber.ij.myl fyndeſtü eyn ſtat die heiſt Morſel
das iſt eyn ſtetlyn gar kleyn
dar nach fyndeſtü eynen boꝛn der iſt reyn
dar nach müſtu geben tzoll
Vnd haſt.ij.myl jn eyn ſtetlyn heiſſet Roll
dar nach haſtü zwo myl furbaß
Jn eyn ſtetlyn iſt genant Neſaß
dar nach haſtü eyn cleyn myl gen Küp an eyn ſehe
Vnd aber eyn cleyn jn eyn ſtat heiſt Waſſe
Dar nach ſaltü ghen.iij.myl furbaß
So komeſtü in eyn ſtat genant Seneſaß
Vff theüitſch iſt ſye Genff genant
Vnd lygt an eym waſſer iſt der Genffer ſeh genant
der iſt wol.xvj.myl langk
Zů Genff hat er ſynen vßganck
Genff iſt gar eyn ſuberliche ſtat
Zů dem tütſchen wirdt ſaltü ghen iſt myn rat
der iſt vor der ſtat jm erſten huße geſeſſen
Da fyndeſtü gnůg zů drincken vnd zů eſſen

wie es [seitdem] heftig und häufig zu *Lucern* geschehen ist.
Danach sind es sieben Meilen bis nach *Bern*[16],
FREIBURG IM UECHTLAND
danach drei Meilen bis zu einer Stadt namens *fryburg*,
die *in Uchtelant* gelegen ist.
Sie hat eine ungewöhnliche Lage und besitzt einen schönen Turm.
MOUDON
Danach sind es sieben Meilen bis nach *Merdon*,
das ist eine kleine, zerstörte Stadt.
ROMONT
Willst du aber den Weg in Richtung *Reymond* nehmen, wie ich es empfehle,
dann kommst du von *Merdon* nach drei Meilen
LAUSANNE
in eine Stadt mit Namen *Losan*.
Dort liegt Sankt Anna, die Mutter Mariens[17],
beide sollst du lobpreisen
und nicht zögern, ihnen deine Verehrung zu bekunden.
MORGES
Nach zwei Meilen findest du eine Stadt, die *Morsel* heißt;
das ist ein ganz kleines Städtchen.
Danach findest du eine Quelle mit Trinkwasser.
Anschließend mußt du Zoll zahlen
ROLLE
und hast zwei Meilen bis zu einer Stadt, die *Roll* heißt.
Danach hast du zwei weitere Meilen
NYON
bis zu einem Städtchen, das *Nefaß* heißt.
COPPET
Danach hast du eine knappe Meile bis *küp*, an einem See gelegen,
VERSOIX
und wieder eine knappe Meile bis zu einer Stadt, die *Wasse* heißt.
Danach sollst du drei Meilen weiter gehen,
dann kommst du in eine Stadt, die *Senefaß* heißt,
GENF
auf Deutsch sagt man *Genff*.
Sie liegt an einem Gewässer, Genffer See genannt.
Der ist gute 16 Meilen lang,
in *Genff* hat er seinen Abfluß.
Genff ist eine sehr ansehnliche Stadt.
Ich rate dir, zu dem deutschen Wirt zu gehen,
der wohnt vor der Stadt im ersten Haus.
Da findest du genug zu trinken und zu essen

Vmb eyn zymlichen pfennig vnd dût dyr glych
Zû allen dynen sachen ist er dyr furderlych
Peter von Fryburg ist er genant
Sāt Jacobs bild hengt vor synē huß zû slincker hāt
Auch stet da vor sant Jacobs capellen
Zeūgstū zû im so wirstû mich nicht schelden
darnach fyndstû vber .j. mile ein schloß hinder eym wald
dar nach vber .ij. myl fyndestû eyn spital bald
Dar nach vber .iiij. myl zû hant
Fyndestu eyn stat ist Aemiliacus genant
dar nach vber .iij. myl komestu drat
Gen Ay in eyn wilt bad
dar nach vber .ij. myl laß dyr tzerge
Eyn stat die heist Schamereye
darnach hastû zû der Leytern .iij. myl
Nū höre was ich dyr sagen wyl
Wan dû eyn halbe myl na by der stat byst
Eyn wunderbarlich gebu ge dū da syhst
darnach vber .iij. myl lygt Feromis eyn stetlyn fyn
Jst vff welsch genant Meretin
Vber eyn größ myl fyndestû eyn stel vn schön
Vnd aber vber .j. myl eyn stat die heist Aibon
Da macht man hubsche kem vnd streelen vyl
darnach vber eyn halbe myl
da fyndestu eyn schloß
Vnd eyn dorff heist Frnit vnd ist nicht größ
dar nach vber anderhalb myl fyndstu eyn stetlin fyn:
das heist zû sant Marcellyn
darnach vber .j. größ myl magstû werden fro
dan fyndestu eyn stat heist zû sant Anthonio
dan hastu hondert myle vō dē Eynsideln gegangē
Da fyndestu auch vyl tzeychen hangen

für einen angemessenen Preis, und er behandelt dich korrekt
in allen deinen Angelegenheiten unterstützt er dich;
sein Name ist Peter von Fryburg.
Sankt Jakobs Bild hängt vor seinem Haus auf der linken Seite,
auch steht davor eine Jakobskapelle[18].
Wenn du ihn aufsuchst, wirst du mich nicht schelten.
Danach findest du nach einer Meile eine Burg hinter einem Wald,
darauf nach zwei Meilen bald ein Spital,
danach, vier Meilen weiter gleich
RUMILLY
eine Stadt, die *Remiliacus* heißt.
Nach wieder drei Meilen kommst du direkt
AIX-LES-BAINS
nach *Ax* zu einem *wilt bad*.
Zwei Meilen weiter laß dir die Stadt
CHAMBÉRY
mit Namen *Schamereye* zeigen.
LES ECHELLES
Danach hast du drei Meilen bis zu der *Leytern*[19].
Nun höre, was ich dir sagen will:
Wenn du eine halbe Meile vor der Stadt bist,
siehst du da ein wunderbares Gebirge[20].
VOIRON
Drei Meilen weiter liegt *Feronis*[21], ein hübsches Städtchen,
auf französisch heißt es *Meretin*.
Nach mehr als einer Meile findest du ein schönes Städtlein
und nach einer weiteren Meile eine Stadt, die *Arbon*[22] heißt.
Da stellt man in großer Zahl hübsche Kämme verschiedener Art her.
Nach mehr als einer halben Meile
stößt du dann auf eine Burg
VINAY
und ein Dorf, das *fynit* heißt und nicht groß ist.
Anderthalb Meilen weiter findest du ein hübsches Städtchen,
SAINT-MARCELLIN
das heißt *sant Marcellyn*.
Nach einer weiteren guten Meile kannst du dich freuen,
SAINT-ANTOINE (IM VIENNOIS)
du kommst in eine Stadt, die heißt *sant Anthonio*[23],
und bis dahin hast du hundert Meilen von *Eynsideln* zurückgelegt.
Da siehst du auch viele Zeichen[24] hängen.

Col du Béal
Altitude : 1.390m

Da selbst sych auch die müntzendet
die man die karten nennet
da saltu dyn gelt wesselen mit flyß
Vmb ander gelt ist genant Hardyß
Auch fyndestu da eyn teutschen wirt oder zwen
die dich wol kern by sein siepler zů ghen
Eyner ist genant der Ryngeler
der dich eß wol kan gelern
Eß důt dyr nôt dastu dich wol fursyhst
dan er ist vol behendikeyt vnd arger lyst
dar nach saltu .iij. myl furter gan
So komestů jn eyn stat die heist Roman
Vff welsch ist eß genant Romannis
da selbst eyn gůtter spital ist
dar jnne gybt man brôt vnd wyn
Auch synt die bett hubsch vnd fyn
Vber .iij. myl komstů gen Falkentz eyn stetlyn schôn
Vber eyn halb komestu gen Liberon
Liberonis ist sye vff welsch genant
dan ferstů vber eyn wasser zů hant
dar vff saltu dyn gelt sparen
Eyn Hardyß můstů geben vber zů faren
dar nach vber eyn halb myl komestů zů hant
In eyn stat ist Aureoli genant
dar nach saltu dich nicht zů sere ylen
In eyn kleyn stetlyn hastu funfftehalb mylen
Ist genant Montelorß oder Azemar schnel.
dar nach vber eyn myl fyndestů eyn castel
Ist genant castel de ratis oder castel noue
Dar nach saltu aber eyn myl ghe
dan fyndestu eyn schloß genant du sera
Aber vber eyn myl ist eyn schloß heist Petra sata

Ebendort endet auch die Währung,
welche die Karten[25] heißt.
Da sollst du unbedingt dein Geld wechseln
in die neue Währung mit Namen Hardyß[26].
Auch findest du da einen oder zwei deutsche Wirte,
die dich gut unterweisen ...[27]
Der eine heißt der Ryngeler,
der dir das gut beibringen kann.
Du mußt dich gut vorsehen,
denn er ist sehr geschickt und arglistig.
Danach sollst du drei Meilen weiter gehen,
ROMANS-SUR-ISÈRE
so kommst du in eine Stadt, die *Roman* heißt,
auf französisch wird sie *Romannie*[28] genannt.
Dort ist ein gutes Spital,
wo man Brot und Wein verteilt,
auch sind die Betten gepflegt und angenehm.
VALENCE
Nach drei Meilen kommst du in das hübsche Städtchen *fallentz*,
LIVRON-SUR-DRÔME
nach einer weiteren halben Meile nach *Liberon*,
Liberonis wird sie auf französisch genannt.
Anschließend fährst du über ein Gewässer[29],
dabei mußt du mit deinem Geld sparsam sein,
einen Hardyß [und nicht mehr] mußt du für die Überfahrt geben.
Danach kommst du nach einer halben Meile direkt
LORIOL-SUR-DRÔME
in eine Stadt, die *Aureoli* heißt.
Danach sollst du dich nicht zu sehr beeilen:
Bis zu einem kleinen Städtchen sind es viereinhalb Meilen,
MONTÉLIMAR
es heißt *Monteloiki* oder *Azemarschnel*[30].
Nach einer weiteren Meile stößt du auf eine Burg,
CHÂTEAUNEUF-DU-RHÔNE
die *castel de ratis* oder *castel noue* heißt.
Danach sollst du wieder eine Meile gehen,
DONZÈRE
dann findest du eine Burg namens *dusera*.
Wieder nach einer Meile liegt eine Burg mit Namen *Petra sata*[31].

Dan saltü eyn wenig furter ghen
da lygt eyn dorff heist Pallude
dar nach vber eyn myl komestü zü hant
In eyn stat ist zü sancte spiritus genant
Da fyndestü eyn brucken die ist suberlichen
Ich meyn das man nicht fynde jrn glychen
dar nach vber .ij. myl fyndestu eyn stat heist Tresis
Vnd aber vber eyn myl eyn die heist Balneolis
dar nach vber eyn myl ist eyn die heist Bynuni
Vnd vber .ij. myl eyn die heist Valke brutunt
Dar nach vber .ij. myl hastü sere na
In eyn stat die heist Lucetia
dar jnne ist eyn byschoff gesessen
Da saltü des spitals nicht vergessen
Auch ich dyr getrwlichen rat
dastü by dich nemest wyn vnd bröt
Auch saltü dich dar nach schicken
dastü dyn schw da lassest flicken
Wan du komest eyn myl von der statt
So saltü ghen vber eyn brucken ist myn rat
da by fyndestu eyn klöster steen
dan saltü vff die rechten hant eyn berg an ghen
Der wegk ist hart vnd vol steyn
dar nach hastü .iij. myl die synt nicht kleyn
Gen Nymaß jn eyn hubsche stat
da fyndestü eyn thürn den ebentürlich gebuwet hatt
Vnd auch eyn klöster dar jnne gybt man prebende
Zü den Augustinern hört ich eß nennen
Dar nach vber .viij. myl komestü schyr
In eyn größ stat heist Mompelyr
Vß der stat saltü ghen vff die rechten hant
Vber .j. myl fyndestü eyn zübrochen schloß zü hant

Dann sollst du ein wenig weiter gehen,
LAPALUD
dort liegt ein Dorf, das *Pallude* heißt.
Nach noch einer Meile kommst du sogleich
PONT-SAINT-ESPRIT
in eine Stadt, die *sancte spiritus* heißt.
Da findest du eine schön gebaute Brücke[32],
ich glaube, daß sie nicht ihresgleichen hat.
TRESQUE
Zwei Meilen weiter findest du eine Stadt, die *Tresis*[33] heißt,
BAGNOLS-SUR-CÈZE
und nach wieder einer Meile eine mit Namen *Balneolis*.
LE PIN
Nach einer Meile gibt es eine, die *Bynum* heißt,
VALLABRIX
und nach zwei Meilen kommt eine mit Namen *Valle brutunt*[34].
Noch zwei Meilen weiter bist du dicht an einer Stadt,
UZÈS
die *Lucetia* heißt.
Dort gibt es einen Bischof.
Vergiß auch nicht, das Spital aufzusuchen.
Auch gebe ich dir den guten Rat,
dich mit Wein und Brot einzudecken.
Ebenso sollst du dich darauf einrichten,
daß du deine Schuhe dort flicken läßt[35].
Wenn du eine Meile von der Stadt entfernt bist,
empfehle ich dir, über eine Brücke zu gehen.
Nahebei siehst du ein Kloster,
von dort sollst du rechts einen Berg hinaufgehen[36]:
Der Weg ist mühsam und voller Steine.
Danach hast du drei gute Meilen
NÎMES
bis nach *Nymaß*[37], eine hübsche Stadt.
Da findest du einen Turm, den [man] ungewöhnlich gebaut hat,
und auch ein Kloster, wo man eine milde Gabe[38] gibt:
›Zu den Augustinern‹ soll der Name sein.
Dann kommst du nach acht Meilen alsbald
MONTPELLIER
in eine große Stadt, die *Mompelyr* heißt.
Du sollst nach rechts aus der Stadt heraus gehen[39],
nach einer Meile findest du umgehend eine zerstörte Burg,

Darnach findestu aber eyn dorff vber eyn myl
Drey myl darnach saltu dich yl
So fyndestu eyn dorff ist aquas mortis genant
Da findestu eyn brucken by eyner mülen zů hant
Darnach findestu vyl castel an eynem sehe
Dan saltu zů eynem klöster zů gehen
Vnd laß dich nit sere verlangen
Von Nymaß gen Möpelyr hastu. viij. myl ge
Mompelyr ist eyn grösse stat
Sie. xxxvj. myl von Doloß stat
Zů Mompelyr such eyn prebend ist myn rôt
In eyn clöster gibt man fleisch wyn vnd brôt
Gee in sant Jacobs spytal ist dirß nôt
Dar jnne bystu der kappunen spot
Die haben dar jnne gantz gewalt
Der spitelmeister ist den tütschen nicht holt
Darnach hastu. j. myl in eyn dorff das ist kleyn
Vnd in eyn ander dorff aber eyn
Vnd dan eyn gen Orzanum
Vnd. ij. biß gen Lupianum
Gen Tyberium hastu kleyner myl fyre
Vnd. iij. in eyn stat heist Bysere
da findestu auch eyn suberliche brucken
Vnd salt darnach eyn myl furter rucken
So findestu eyn schloß zů der rechten hant
Vnd vber eyn myl eyn stat caput stagnū gene
das hat auch eyn brucken vnd lygt an eynem se
darnach můstu funff myl weges gehen
Vff dem wege fyndestu noch drincken oder essen
dyner flesschen vnd seck saltu nit vergessen
Vnd salt dich mit wyn vnd brôt wol beladen
Fur war es bringt dir keynen schaden

eine Meile weiter stößt du wieder auf ein Dorf.
Die nächsten drei Meilen sollst du schnell zurücklegen,
AIGUES MORTES
dann stößt du auf ein Dorf, das *aquas mortis* heißt.
Da findest du gleich eine Brücke neben einer Mühle,
darauf siehst du viele Burgen an einem See.
Dann sollst du auf ein Kloster zugehen,
und laß dich den Weg nicht verdrießen:
NÎMES MONTPELLIER
Von *Nymaß* nach *Mompelyr* bist du acht Meilen gegangen.
Mompelyr ist eine große Stadt;
TOULOUSE
sie liegt sechsunddreißig Meilen von *Doloß* entfernt.
Zu *Mompelyr* rate ich dir, um eine milde Gabe nachzusuchen;
in einem Kloster gibt man Fleisch, Wein und Brot.
Geh in das Sankt Jakobs-Spital[40] nur, wenn du mußt,
dort wirst du von den Kapaunen[41] zum Narren gehalten.
Die beherrschen das ganze Haus,
und der Spitalmeister ist den Deutschen nicht gewogen.
Danach hast du eine Meile bis zu einem Dorf, das klein ist,
und bis zu einem zweiten Dorf wieder eine.
GIGEAN
Dann sind es eine Meile bis nach *Gyzanum*[42]
LOUPIAN
und zwei bis *Lupianum*.
SAINT-THIBÉRY
Bis nach *Tyberium* hast du vier knappe Meilen
BÉZIERS
und drei bis zu einer Stadt, die *Bysere*[43] heißt.
Dort findest du auch eine ansehnliche Brücke.
Danach sollst du eine Meile weiterziehen,
dann findest du rechter Hand eine Burg
CAPESTANG
und eine Meile weiter eine Stadt, die *caput stagnum*[44] heißt.
Sie hat auch eine Brücke und liegt an einem See.
Danach mußt du fünf Meilen Weges zurücklegen.
Auf dem Weg findest du weder etwas zu trinken noch zu essen.
Vergiß ja nicht deine Flasche und deine Tasche
und versorge dich reichlich mit Wein und Brot.
Das wird dir sicherlich von Nutzen sein.

Du syndest wol zwo oder drey tabern
Sie geben aber den armen brüdern nicht gern
Auch saltu dich nit lassen leyden
Du findest vnderwylen grüsame heyden
Du findest auch eyn schloß Cabasaccum genant
Das lastü liggen zü der rechten hant
Darnach hastü.iij.myl gen Vlmis die synt nah
Vnd hast dan drey myl gen Marsilia
Zwo myl biß gen Trebiß ist eyn stetlyn schön
vnd eyn myl in eyn stat die heist Chargazon
Die l gt halb vff eym berge vnd halb in eym tall
vnd findest eynen güten spytall
Darnach hastu vber funff myl nah
In eyn stat die heist Villa pinta
Da saltu gehen vber eyn brucken
vnd salt eyn myl furter rucken
So komestü gen Allefrancken
Castel noue de arrio heist nach mynem gedancken
Die brüder heissen sye die knoblochs stat
vor der porten eyn gütter spital stat
Dar nach saltu nicht sere ylen
Gen Tolosa hastü noch.viij.mylen
Erst zwo myl in eyn stat heist Armeto
vnd aber eyn myl gen Fascio
Darnach hastü zwo myl gen Montescart
vber zwo myl ist eyn spital vor der porten hart
vor eyner stat ist Castaneto genant
Darnach vber eyn myl findestü zü hant
Tolosan gar eyn grösse stat hubsch vnd fyn
Sie sprechen es sollen.vj.apostolen da syn
Philippus Jacobus vnd auch Barnabas
Der größ sant Jacob Symon vnd Judas

Du wirst zwar zwei oder drei Schenken finden,
sie teilen aber ungern den armen Brüdern etwas aus.
Überhaupt sollst du es dich nicht verdrießen lassen,
wenn du bisweilen auf hartherzige Heiden stößt.
CABEZAC
Du kommst dann zu einer Burg namens *Cabasaccum*[45],
die du am besten rechts liegen läßt.
HOMPS
Danach erreichst du nach nur drei knappen Meilen *Ulmis*,
MARSEILETTE
und weitere drei Meilen bleiben dir bis *Marsilia*,
TRÈBES
zwei Meilen dann bis *Trebiß*, einem schönen Städtchen,
CARCASSONE
und eine Meile zu einer Stadt, die heißt *Gargazon*.
Diese liegt zur Hälfte auf einem Berg und zur Hälfte in einem Tal.
Dort findest du ein gutes Spital.
Dann sind es fünf knappe Meilen Weg bis
VILLEPINTE
in eine Stadt, die *Villapinta*[46] heißt.
Dort sollst du eine Brücke benutzen
und eine Meile weiter gehen.
So kommst du nach Allefrancken.
CASTELNAUDARY
Castelnoue de arrio heißt meiner Erinnerung nach die Stadt [auf Romanisch];
die Brüder nennen sie die Knoblauchstadt.
Vor dem Tor steht ein gutes Spital.
Danach sollst du nicht übermäßig eilen,
TOULOUSE
bis nach *Tolosa* hast du noch acht Meilen.
AVIGNONET-FAURAGAIS
Zuerst sind es zwei Meilen bis zu einer Stadt, die *Armeto* heißt,
danach noch eine Meile bis *fasesio*[47];
MONTGISCARD
dann hast du zwei Meilen bis *Montescart*[48];
nach zwei Meilen gibt es ein Spital kurz vor dem Tor
CASTANET-TOLOSAN
einer Stadt, die *Castaneto* heißt.
Dann stößt du nach einer Meile unmittelbar auf
TOULOUSE
Tolosan, eine sehr große, ansehnliche und eindrucksvolle Stadt.
Man sagt, daß dort sechs Apostel ruhen sollen:
Philippus, Jakobus und Barnabas,
Der große Jakobus [der Ältere], Simon und Judas[49].

Vß der stat gestü vber eyn bruckē zů der rechtē hant
Fyndestü vber eyn myl eyn spitall zů hant
Darnach vber eyn myl findestü .viij. tabern
vnd eyn spital den magstü suchen gern
vber eyn myl findestü vff eym berg eyn schloß
vnder den berg sant Thonges kirche im eyn buchsen
By der selben kirchen in eynem tall schoß
Da findestü auch eyn spitall
vber eyn myl ligt insula Jordanis
Da dan auch eyn gůte brücken ist
vber eyn myl ligt eyn dorff vff die lincken hant
Aber vber eyn myl eyn schloß zů der rechten hant
Darnach vber eyn myl komestü gen gemōte schnell
vber eyn grösse myl eyn stat heist Obiel
Darnach ist .ij. myl gen Aust in die stat
Da dan ist eyn erlich episcopat
da magstü der prebenden nach ylen
darnach hastü gen Barran .ij. mylen
Darnach vber .j. myl ist eyn dorff heist Insula
Vnd eyn spital by eynem dorff nah
darnach ligt eyn stat ist Montes gibo genant
Vber eyn myl ligt eyn schloß by eyner kirchen zů hāt
darnach vber eyn myl ligt eyn schloß ist wie es mag
Vnd hast dan eyn myl gen Marsiack
Da findestü eynen vyreckten martt
vnd .ij. spital dar vff magstü wartt
Darnach hastü .ij. myl gen Mamergeto
Geh in den spital da müstü liggen im strô
Da findest eynen bessern in der stat
darnach geh vber eyn wasser ist myn rôt
Da ist vff eynem berge eyn dorfflyn kleyn
Vlner vnd topfēnmecher synt da gemeyn

Wenn du die Stadt verläßt, gehst du rechter Hand über eine Brücke[50]
und findest nach einer Meile gleich ein Spital.
Nach einer weiteren Meile triffst du auf acht Schenken
und ein Spital, das du gern aufsuchen kannst.
Nach einer Meile findest du auf einem Berg eine Burg.
SANKT ANTONIUS
Am Fuß des Berges liegt die *Sant Thonges*[51] Kirche einen Büchsenschuß entfernt,
und in der Nähe dieser Kirche in einem Tal
stößt du wieder auf ein Spital.
L'ISLE JOURDAIN
Eine weitere Meile ist es dann bis *insula Jordanis*,
wo auch eine gute Brücke vorhanden ist.
Nach einer Meile liegt zur linken Hand ein Dorf
und nach noch einer Meile zur rechten Hand eine Burg.
GIMONT
Nach einer Meile kommst du direkt nach *gemonte*
AUBIET
und nach einer guten Meile in eine Stadt, die *Obiel* heißt.
AUCH
Danach sind es zwei Meilen bis zur Stadt *Aust*.
Dort befindet sich ein angesehener Bischofssitz,
da kannst du um Almosen nachsuchen.
BARRAN
Nach *Barran* sind es dann zwei Meilen.
L'ISLE-DE-NOÉ
Nach einer weiteren Meile gibt es ein Dorf namens *Insula*
und bei einem Dorf in der Nähe ein Spital.
MONTESQUIOU
Danach folgt eine Stadt mit Namen *Montes gibo*.
Nach einer Meile liegt eine Burg unmittelbar neben einer Kirche,
und nach einer weiteren Meile gibt es eine Burg in dürftigem Zustand.
MARCIAC
Und dann fehlt noch eine Meile bis *Marsiack*.
Dort findest du einen viereckigen Marktplatz
und zwei Spitäler, darauf sollst du achten.
MAUBOURGUET
Dann sind es zwei Meilen bis *Mamergeto*[52].
Wenn du dort ins Spital gehst, mußt du im Stroh liegen;
in der Stadt findest du ein besseres.
Danach überquere ein Gewässer, das empfehle ich.
Da liegt auf einem Berg ein kleines Dorf,
dort ist das Töpfergewerbe verbreitet[53].

Inden am berg ſyndeſtu eyn born ſtan
Vber.ij.myl ſaltu forder gan
Da ſyndeſtu eyn dorff vnd eyn ſpital
Armeriacken land wert biß an den Rontzeſal
Darnach findeſtu vber.ij.myl Morlaiß eyn ſtetlin
Darnach haſtu.iij.myl vber eyn heid zü geen ſteen
dan ſyndeſtu eyn ſpital in eynem walde
Auch findeſtu darnach eyn dorfflyn balde
Darnach ſaltu eyn berg anſtygen
Vber.iiij.myl ſaltu Arteß laſſen lyggen
die ſtat ligt an eym berg vnd hat eyn ſpital
Vnd hat eyn ſchloß das taugt nichts aber al
Darnach vber eyn myl findeſtu eyn ſpital zü hant
Aber vber eyn myl eyn ſtat Ortesium genant
Da lyggen zwey ſpital vor der ſtat
da gee vber eyn bru ken iſt myn radt
Vnd laß dich nit zü ſere verlangen
Du haſt eben.xxx.myl von Toloſa gegangen
Darnach findeſtu eyn dorff vber.j.myl vñ eyn ſpital
vber.j.myl findeſtu ein tabern da müſtu dē win bzal
Vber eyn myl komſtü gen ſalua terra das merck ebē
da müſtü von den gulden zoll geben
Darnach ſaltu gehen vber eyn brucken
Vnd ſalt dyn ſeckel mit Coronaten ſchmücken
Eyn Coronaten muſtü geben vber zü faren
Auch magſtü wol dyn gelt ſparen
Vber eyn myl findeſtu eyn ſpital by eyner brucken
Aber vber eyn myl ſaltu zü ſant Blaſio rucken
Darnach vber eyn myl findeſtü eyn ſpital fern
Aber vber.eyn.myl findeſtu.iiij.tabern
Da findeſtu eyn ſpital des ſaltu nicht feel
Ver.ij.myl ligt eyn ſtetlyn da macht man negel

Unten[54] am Berg findest du eine Stelle mit einem Brunnen.
Zwei Meilen mußt du weiter gehen,
dann kommst du zu einem Dorf und einem Spital.
RONCESVALLES
Das Armeriackenland[55] reicht bis an den *Rontzefal*.
MORLAÁS
Danach stößt du nach zwei Meilen auf das Städtchen *Morlaiß*[56].
Dann mußt du drei Meilen über eine Heide gehen
und findest ein Spital in einem Wald,
und bald darauf kommst du zu einem kleinen Dorf.
Dann mußt du einen Berg hinaufsteigen,
ARTHEZ
nach vier Meilen sollst du *Arteß*[57] am Wege liegen lassen.
Die Stadt liegt an einem Berg und besitzt ein Spital,
sie hat auch eine Burg, die durchweg nichts taugt.
Nach einer Meile findest du dann bald ein Spital
ORTHEZ
und eine Meile weiter eine Stadt namens *Ortesium*.
Dort liegen zwei Spitäler vor der Stadt.
Dort benutze eine Brücke[58], das ist mein Rat.
Laß es dich nicht zu sehr verdrießen,
TOULOUSE
seit *Tolosa* hast du genau dreißig Meilen zurückgelegt.
Danach kommst du nach einer Meile zu einem Dorf und einem Spital.
Nach noch einer Meile findest du eine Schenke, wo du den Wein bezahlen mußt.
SAUVETERRE (-DE-BÉARN)
Nach einer weiteren Meile kommst du nach *salua terra*, merke dir das genau.
Da mußt du mit Gulden Zoll bezahlen.
Passiere danach eine Brücke
und bestücke deinen Säckel mit Coronaten[59].
Für die Überfahrt mußt du einen Coronaten geben.
Auch sollst du mit deinem Geld sparsam umgehen.
Nach einer Meile kommst du zu einem Spital an einer Brücke.
SAINT-PALAIS
Wieder eine Meile danach sollst du in *Sant Blasio* einziehen.
Eine Meile weiter siehst du in der Ferne ein Spital,
und nach noch einer Meile stößt du auf vier Schenken.
Dort ist ein Spital, das du aufsuchen sollst.
Nach zwei Meilen folgt ein Städtchen, in dem Nägel gemacht werden,

D 2
LAUZERTE 10
Cité Médiévale
FUMEL 46
CAZES-MONDENARD 9
D 16
MOISSAC
13
Abbatiale
et son cloître
boulangerie PATISSERIE

Die die brüder jn die schůch schlan
Darnach saltu eyn myl furter gan
Da fyndestü eyn spital des saltu gedechtig syn
Vber.j.myl ist eyn dorff vnd eyn möll da by
Darnach fyndestu auch by eyner mölen eyn steg
da teylt sich an drey end der weg
Dan saltü den mittelsten gan ſta
dan vber.j.myl findestü eyn bruckē by eyner kirch
Vber eyn myl komestü in sant Johans stat
die dan drey vnderscheydůng hat
By der bruckē findestü eyn spital zů der rechten h.
Vber fünff myl findestü eyn klöster zů hant
Das lygt oben vff dem Rontzefall
darnach vber.iij.myl findestü auch eyn spitall
Darnach hastü.iij.grösser myl die synt nicht na
dan komestü jn eyn stat heist Pepelonia
Vnd wan du komest vber die brucken
da magstü jn eyn spital rucken
Dar jnne gybt man wyn vnd bröt
darnach balde findestü auch eyn ist dirß nöt
Darnach magstü ghen jn eyn stat gern
dar jnne wönet der konig von Nastrn
Syn konigrich.xxx.myl lanck lygt
Vnd ist.xij.myl weges breyt
In d stat gibt mā.xij.brudern zů drinckē vn̄ zů essen
By der heubt kirchen des saltu nicht vergessen
Zů der lyncken hant ist der spital vnser liebē frawē
Mā gibt da gern vmb gots willē des salt dich frawē
Du fyndest eyn spital zů sanct Marien magdalen
darnach saltü eyn halb myl weges furter ghen
dan findestü eyn spital by sant Anthonius hoff
Darnach ist.j.spital vber and halb myl eyn berg vff

die sich die [Jakobs-]Brüder in ihre Schuhe schlagen[60].
Danach sollst du eine Meile weiter gehen,
dann findest du ein Spital, das du dir merken sollst.
Nach einer Meile gibt es ein Dorf mit einer Mühle daneben,
danach findest du ebenfalls bei einer Mühle einen Steg,
wo sich der Weg in drei Richtungen teilt.
Da sollst du den mittleren gehen.
Dann findest du nach einer Meile eine Brücke neben einer Kirche.
SAINT-JEAN-PIED-DE-PORT
Nach einer weiteren Meile kommst du nach *Sant Johans stat*,
die dann drei verschiedene [Weg-]Möglichkeiten[61] hat.
Neben der Brücke findest du auf der rechten Seite ein Spital.
Nach fünf Meilen stößt du direkt auf ein Kloster,
RONCESVALLES
das oben auf dem *Rontzefall*[62] liegt.
Nach weiteren drei Meilen kommst du wieder zu einem Spital[63].
Dann folgen drei beträchtlich größere Meilen,
PAMPLONA
bis du in eine Stadt kommst, die *Pepelonia* heißt.
Und wenn du über die Brücke kommst,
kannst du dort in einem Spital einkehren[64],
wo man Wein und Brot gibt.
Bald danach findest du noch ein Spital, falls du Bedarf hast.
Danach kannst du gern in eine Stadt einziehen,
NAVARRA
in der der König von *Nafern* lebt.
Sein Königreich erstreckt sich über 30 Meilen Länge
und ist zwölf Wegmeilen breit.
In dieser Stadt gibt man zwölf Brüdern zu trinken und zu essen[65].
Neben der Hauptkirche, das sollst du nicht vergessen,
liegt auf der linken Seite das Spital zu Unserer Lieben Frau[66].
Man gibt dort gern um Gottes Willen, darüber sollst du dich freuen.
Du findest auch ein Spital Sankt Maria Magdalena.
Danach sollst du eine halbe Meile Weges weiter gehen.
Dann kommst zu einem Spital neben dem Hof von Sankt Anthonius[67].
70–71 Das nächste Spital folgt nach anderthalb Meilen Weges bergauf[68],

Vnd eynen hinset dem berge der ist na
Vber zwo myl komestü gen Ponteregina
dar jnne fyndestü .ij. spital dar jnne magstü ghen
Auch findestü eyn hübsche brucken da steen
Vber .j. myl findestu eyn dorff zü der lincken hant
In .iiij. mylen dar nach hastü .iiij. brucken zü hant
vnd d' dritte ist eyn born magstü drincke ist dirs nöt
Vber die fierden komestu in die Juden stat
Arcus nennen sie die walhen da
Vber .iiij. myl lygt Vianna
da vor synt .ij. born gelegen
Vnd hast .iiij. spital vnderwegen
Vber .ij. myl findestu eyn stat heist Grüningen
das ist die erste stat in Hispanien
Lagrona ist sie vff welsch genant
Eyn ander müntz wirt dir dar bekant
Die Coronaten haben da eyn ende
die Malmediß müstu lernen kennen
Auch stat eyn bruck vor der stat
dar nach ghe .ij. myl gen Nazareto ist myn rat
dar nach findestü eyn born by eyner kirchen steen
Wiltu so magstü eyn berg an gheen
dar vff findestu eyn loch ist ebentürlich
dar nach lygt eyn brucken die ist glych
So hastü .iij. myl gegangen von Nazareto
Biß gen Nazera magstü werden frö
da gybt man gern vmb gottes willen
In den spitalen hastü allen dynen willen
Vß gnömen jn sant Jacobs spitall
das ist honer folck alle zü mall
Die spitelfraw den brudern vyl schalckeyt düt
Aber die beite synt sere güt

dann wieder eines jenseits des nahegelegenen Berges[69].
PUENTE LA REINA
Nach zwei Meilen gelangst du nach *Ponte regina*[70],
dort gibt es zwei Spitäler, in die du gehen kannst[71].
Auch findest du dort eine stattliche Brücke.
Nach einer Meile Wegs stößt du zur Linken auf ein Dorf.
Nach vier weiteren Meilen kommen alsbald vier Brücken,
unter der dritten ist ein Brunnen, aus dem du trinken kannst, wenn es notwendig ist[72].
Über die vierte kommst du in die Judenstadt,
LOS ARCOS
die bei den Romanen *Arcus* heißt.
VIANA
Nach vier Meilen folgt *Vianna*,
davor liegen zwei Brunnen,
und auf dem Weg dorthin gibt es vier Spitäler.
LOGROÑO
Nach zwei Meilen findest du eine Stadt mit Namen *Grüningen*,
das ist die erste Stadt in Hispanien[73].
Lagrona lautet ihr Name auf Romanisch.
Dort hast du es mit einer anderen Währung zu tun:
Die Coronaten gelten hier nicht mehr,
dafür mußt du dich an die Maravedis gewöhnen[74].
Außerdem steht eine Brücke vor der Stadt.
NAVARETE
Dann gehe, das rate ich dir, zwei Meilen bis *Nazareto* .
Danach findest du einen Brunnen neben einer Kirche.
Wenn du willst, kannst du dann einen Berg besteigen;
auf dem befindet sich eine Höhle, die unheimlich ist.
Als nächstes kommt eine ebenmäßige Brücke.
Damit hast du drei Meilen von *Nazareto* zurückgelegt.
NÁJERA
Auf *Nazera* kannst du dich freuen,
dort gibt man gern [Almosen] um Gottes willen.
In den Spitälern ist man dir gern zu Diensten,
ausgenommen im Spital des hl. Jakobus,
da ist das Personal durchweg bösartig[75].
Die Spitalfrau tut den Pilgern viele Gemeinheiten an,
aber die Betten[76] sind sehr gut[77].

Auch liggen .ij. schloß vber der stat
Ghe .iiij. myl zů sant Dominicus ist myn rat
Im spital findestů zů drincken vnd zů essen
der himl hinder dem altar saltu nicht vergessen
Vnd salt ire recht schawen an
Gedenck das got alle dinck wonderlich gemacht hat
Das sye von dem bratspyß synt geflogen
Jch weiß furwar das es nicht ist erlogen
dan ich selber hab gesehen das loch
dar vß eyns dem anderen nach floch
Vnd den hert dar vff sye synt gebraten
Nů saltu dich furter beraten
Vnd ghe eyn myl vber eyn brucken schön
In eyn stat die heist Graneon
Auch saltu dar nach aber eyn myl ghe
In eyn stetlyn heißet Redihile
dar nach fyndestů eyn spital serena
Vnd hast .ij. myl in eyn stat heist dolorosa
Dar in gybt man auch prebend
da saltu gheen vber eyn brucken behend
Auch eyn yglicher bruder da mercken sal
das da ist der ritter spital
Dar nach hastů .iij. myl gen Vylfrancken
da hab vff der küngin spital gedancken
Dar inne gybt man den brudern eyn gůte prebend
des springenden borns zů drincken biß nicht behend
dann er manchem bruder důtt we
dar nach saltu eynen berg an ghe
Vnd salt nicht zů sere ylen
Gen Burgeß hastu noch .vij. mylen
Vff dem berge fyndestu eyn wege scheyden
Welchen du wilt magstů ghen vnder in beyden

Auch liegen zwei Burgen über der Stadt.
SANTA DOMINGO DE LA CALZADA
Gehe jetzt vier Meilen bis *Dominicus*[78], das empfehle ich.
Im Spital findest du zu trinken und zu essen.
Die Hühner[79] hinter dem Altar sollst du nicht vergessen,
schau sie dir gut an.
Denke daran, daß Gott alle Dinge so wunderbar geschaffen hat,
daß diese von dem Bratspieß weggeflogen sind.
Ich weiß es sicher, daß es nicht erlogen ist,
denn ich selbst habe das Loch gesehen,
aus dem ein Huhn nach dem anderen weggeflogen ist,
und auch den Herd, auf dem sie gebraten wurden[80].
Nun sollst du dich wieder ausrüsten
und nach einer Meile über eine schöne Brücke
GRAÑÓN
in eine Stadt gehen, die *Graneon* heißt.
Danach sollst du wieder eine Meile gehen
REDECILLA DEL CAMINO
bis zu einer Stadt, die *Redihile* heißt.
Dann findest du ganz in der Nähe ein Spital
BELORADO
und hast noch zwei Meilen in eine Stadt, die *dolorosa* heißt.
Darin gibt man auch Almosen.
Dort sollst du schnell über eine Brücke gehen.
Es soll sich auch jeder Bruder merken,
daß dort das Spital der Ritter ist[81].
VILLAFRANCA DE MONTES DE OCA
Danach hast du drei Meilen bis *Vylfrancken*,
dort denke an das Spital der Königin,
darin gibt man den Brüdern reichlich Almosen[82].
Sei nicht zu erpicht, aus der sprudelnden Quelle zu trinken,
denn sie tut vielen Brüdern nicht gut.
MONTES DE OCA
Darauf sollst du einen Berg hochgehen,
beeile dich aber nicht zu sehr.
BURGOS
Bis nach *Burgeß* hast du noch sieben Meilen.
Auf dem Berg gabelt sich der Weg,
78–79
welchen von den beiden Wegen du wählst, ist egal[83]:

Zů der rechten hant findestü eyn spital der ist fern
Vff die lyncken hant fyndestü eyn tabern
Darnach ghestü vber eyn brucken fyn
So komestu balde gen Burges jn
Dar jnne fyndestü.xxxij.spital
Des kunigs spital gat vor sie alle zů mal
dar jnne gybt man satt zů drincken vnd zů essen
Hennikyns spital saltu auch nicht vergessen
Dar jnne fyndestü auch gůte beth vnd eyn prebend
Auch magstü dich jn den ritter spital wend
die stat hat hübscher thurn vill
Vnd welcher bruder die sull sehen will
dar an man den spitelmeyster erschossen hat
Der vyrthalbhondert brudern vergeben hat
Wan dü ghest vber die brucken zů der rechten hant
Nah by des künigs spital ist sye zů hant
Darnach hastu nicht fern jn eyn mölen
da gybt man prebend allen die eß nemen wollen
Darnach findestu.iiij.spital jn achthalb myl
dan findestü sant Thonges kirch da hyn magstü yl
da gybt man dyr bröt das ist dyr nöt
Vber eyn halb myl findestu eyn schloß heist Fritz
Vff theutsch ist es geheissen die lange stat
dar jn man.iiij.spital hat
Vber.ij.mylen ist by eym dorff eyn brucken
Aber.ij.myl ist eyn spital dar jn magstü rucken
Vber.j.myl findestu eyn spital by eyner bruckē sten
Vber.ij.myl aber eynen dar jn magstü ghen
Vber eyn myl fyndestu eyn stat heist Garrion
Mit eyner brucken die ist schön
da gybt man jn zweyen klöstern wyn vnd bröt
Süch zwey spital hynset der brucken ist dyr ß nöt

Der rechte führt zu einem Spital[84], bis zu dem es aber noch weit ist,
der linke führt zu einer Schenke.
Dann gehst du über eine stattliche Brücke,
BURGOS
so kommst du bald nach *Burges* hinein.
In der Stadt gibt es 32 Spitäler.
Das königliche Spital übertrifft alle anderen[85],
darin bekommt man satt zu trinken und zu essen.
Hennikynß Spital[86] sollst du auch nicht übersehen,
darin findest du gute Betten und Almosen.
Du kannst aber auch das Spital der Ritter[87] aufsuchen.
Die Stadt hat viele schöne Türme.
Der Bruder, der die Säule sehen will,
an der man den Spitalmeister erschossen[88] hat,
der 350 Brüder vergiftet hatte,
halte sich, wenn er über die Brücke geht, rechts,
nahe bei des Königs Spital steht sie dann gleich.
Dann hast du es nicht mehr weit zu einer Mühle,
wo man allen Almosen gibt, die sie nehmen wollen.
Danach findest du vier Spitäler auf den nächsten siebeneinhalb Meilen.
SANKT ANTONIUS
Dann stößt du auf die *Sant Thonges*-Kirche[89], dahin kannst du eilen.
Dort gibt man dir das Brot, das du nötig hast.
CASTOJERIZ
Nach einer halben Meile kommst du zu einer Burg, die *fritz*[90] heißt.
Auf Deutsch wird sie die lange Stadt genannt.
In ihr gibt es vier Spitäler.
Nach zwei Meilen ist bei einem Dorf eine Brücke[91],
nach weiteren zwei Meilen kommt ein Spital, in das du einkehren kannst[92].
Nach einer Meile findest du ein Spital, das neben einer Brücke steht[93].
Nach zwei Meilen kommt noch eins, in das du gehen kannst.
CARRIÓN DE LOS CONDES
Nach einer Meile stößt du auf eine Stadt, die *Garrion* heißt,
sie hat eine Brücke, die ansehnlich ist.
Dort gibt man in zwei Klöstern Wein und Brot.
Du kannst auch zwei Spitäler jenseits der Brücke aufsuchen, wenn du es nötig hast[94].

Dar nach fyndestü eyn hoff. vber eyn myl
da gybt man auch bröt oder nicht zů vyl
Auch ist da.j.spital vnd vber.j.myl aber eyner
Vnd fyndest vber.j.myl aber.j.da wil ich dich leer
Das man dar jnne gybt wyn vnd brot
Aber vber.j.myl ist eyn kirch der thet buwens nöt
Zwey dorffer eyn kirch vnd eyn brucken lyggen na
Vnd eyn stat ist genant Saguna
das hat eyn böß wasser vnd.iiij.spital
Hinder d' brucke͂ eyn yglicher wyn vn̄ bröt neme͂ sal
In eynem spital dar jnne saltü ghe
dan hastü.vij.myl jn eyn stat heist Mansilo
Dar jn magstü ghen gar fry
dar jnne fyndestü gütter spital wol dry
Dar nach fyndestü.ij.brucke͂ nach eyn
Vber.ij.myl lygt Leon eyn stat ist nicht zů kleyn
dar jnne fyndestü spital gnůg
Geh jn sant Thonges spital hat es gefug'
Auch synt da sant Jacobs zeychen feyl
Auch deylt sich da die straß in drey teyl
Eyn die geth zů sant Saluator
dan gastü vß zů dem ober thor
Oder wiltů zů Storgeß zů rucken
So saltü gheen vber drey brucken
Vnd ghest dan eynen berg an
Da fyndestü eyn größ steynen crütz stan
dan saltu ghen vff die lyncken hant;
So komestü gen Storgeß zů hant
Wiltü aber folgen myner leer
So saltu dich zů der rechten hant kern·
Da darffstü keynen berg anstygen|
Du lest sie alle vff die lincke͂ hant lyggen

Nach einer Meile findest du einen Hof[95],
dort gibt man dir Brot in beschränktem Maße.
Auch ist dort ein Spital und nach einer Meile noch eins
und nach einer Meile wieder eins, wo man, wie du hiermit erfährst,
Wein und Brot gibt.
Nach einer weiteren Meile kommt eine Kirche, die baufällig ist.
Zwei Dörfer[96], eine Kirche und eine Brücke liegen in der Nähe
SAHAGÚN
und eine Stadt, die *Saguna* heißt.
Sie hat schlechtes Wasser[97] und vier Spitäler[98].
Jenseits der Brücke können alle Wein und Brot in Empfang nehmen
in einem Spital, das du aufsuchen sollst.
MANSILLA (DE LA MULAS)
Dann hast du sieben Meilen bis in eine Stadt, die *Mansilo* heißt.
Du kannst sorgenfrei[99] hineingehen,
dort findest du drei gute Spitäler.
Danach kommen zwei Brücken hintereinander[100].
LEÓN
Nach zwei Meilen folgt *Leoeyn*, eine Stadt, die schon recht groß ist.
Darin findest du genügend Spitäler[101].
SANKT ANTONIUS
Gehe in das Spital *Sant Thonges*[102], wenn es sich ergibt.
Auch kann man dort Jakobus-Zeichen kaufen[103].
Dort teilt sich die Straße in drei Abzweigungen:
SANKT SALVATOR
Eine führt nach Sant *Saluator*[104],
dann mußt du aus dem Obertor gehen;
ASTORGA
oder wenn du nach *Storgeß* ziehen willst,
dann sollst du über drei Brücken gehen
und dann eine Steigung hinauf;
dort findest du ein großes, steinernes Kreuz stehen,
dort sollst du dich nach links wenden,
dann kommst du umgehend nach *Storgeß*.
Willst du aber meiner Empfehlung folgen,
sollst du dich rechts halten,
da brauchst du keinen Berg zu bewältigen,
du läßt sie alle auf der linken Seite liegen.

Hůtte dich vor der Rabenek ist myn rat
Vff dißer straß komestů balde gen Bonforat
Da salt erst fragen zů sancte Maurin
Vnd laß Storgeß .iij. myl vff die lynckē hant liggē
dan fyndestů als eyn dorff am andern
Vnd hast gůt folck vnd sycher wandern
Vnd gybt gern wyn vnd brôt
Nahe vmb Bonforat
In der stat ist eyn gůt schloß
Hast dar nach .iij. myl gen Kaeafeloß
dar nach hastů .v. myl gen Willefrancken
da drinck den wyn mit klugen gedancken
dan er bornet manchem abe syn hertz
das er vß geht als eyn kertz
darnach saltů vber eyn brucken ghen
Vnd aber vber eyn nw saltů mich recht versten
Wiltů den Allēfaber nicht an stygen
So laß in vff die lyncken hant lyggen
Vnd geh by der brucken vff die rechten hant
da fyndestů vber .ij. myl eyn dorff zů hant
dar nach saltů .v. myl fürter ghe
dan fyndestů eyn dorff vff eym berg der ist jhe
Vber .iiij. myl komestů gen Lucas jn die stat
da hinßet by eyner brucken ist eyn wiltbad
Die stat ist ebenturlych gebuwet
daß dan eyn yglicher wol schawet
dan saltu by dē bad vber eyn bruckē ghen ist myn rat
So hastů .iy. myl jn die zůbrochen stat
da fyndestů eyn spital der ist nichts wert
dan vber .iy. myl fynd stů sant jacob ist dirß beschert
Myt namen jn der stat zů Compostell
dar vff sych frawet mancher gůtter gesell

RABANAL
Hüte dich vor dem *Rabenel*[105], das ist mein Rat.
PONFERRADA
Auf dieser Straße kommst du bald nach *Bonforat*.
SANTA MARINA
Zuerst sollst du nach dem Weg nach *Sancte Maurin* fragen,
und lasse *Storgeß* drei Meilen auf der linken Seite liegen,
dann findest du ein Dorf nach dem anderen,
und du bist unter guten Menschen und kommst sicher voran,
und man gibt gern Wein und Brot
in der Umgebung von *Bonforat*.
In der Stadt liegt eine stattliche Burg.
CACABELOS
Danach hast du drei Meilen bis *Kacafeloß*,
VILLAFRANCA DEL BIERZO
dann hast du fünf Meilen bis *Willefrancken;*
dort trinke den Wein mit Verstand,
weil er manchem sein Herz ausbrennt,
daß er erlischt wie eine Kerze.
Danach sollst du über eine Brücke gehen
und über noch eine; jetzt sollst du mich recht verstehen:
Wenn du nicht den Weg über den Berg Allefaber[106] nehmen willst,
so lasse ihn zur Linken liegen
und gehe bei der Brücke rechts ab.
Da findest du nach zwei Meilen alsbald ein Dorf.
Danach sollst du fünf Meilen weiter gehen,
dann findest du ein Dorf, das auf einem steilen Berg liegt[107].
LUGO
Nach vier Meilen kommst du in die Stadt *Lucas*,
dort gibt es jenseits einer Brücke ein Wildbad[108].
Die Stadt ist ungewöhnlich gebaut,
was darum jeder mit Wohlgefallen betrachtet.
Dann empfehle ich, bei dem Bad über eine Brücke zu gehen,
so hast du neun Meilen bis zur zerstörten Stadt.
Dort findest du ein Spital, das nichts wert ist[109].
Nach neun Meilen kommst du dann zu Sankt Jakob, wenn es dir vergönnt ist,
(SANTIAGO DE) COMPOSTELA
in der Stadt *Compostell*, die seinen Namen hat.
Darauf freuen sich viele brave Reisegefährten,

Bodegas Irache
desde 1891
Normas de uso
A beber sin abusar
te invitamos con agrado,
para poderlo llevar
el vino ha de ser comprado.

Das er sye frolichen mag schawen an
Wan er vff eym berge müß stan
By eym crütz da dan lygt eyn größ hauff steyn
Nü wölle vns helffen Maria die jungfraw reyn
Mit jrem lieben kynde
Daß wir sant Jacob mit andacht mögen fynden
daß wir nach dißem leben mögen fynden das lön
Vnd mögen enpfaen die hymelsche krön
Die got sant Jacob hat gegeben
Vnd allē heiligē die da synt jn dem ewigen leben
Amen.

Nü wil ichs aber heben jn gottes namen an
Die wege zü wissen die vff der nyderstrassen gan
Wiltu von sant Jacob wider heym ghen
So saltu wider zü Burgeß zughen
Da fyndestu vor der stat eyn steynen crutz stan
dan saltu vff die lyncken hant gan
da magstu fragē wo man zu dem porten berge zugen
So fyndestu jn .xxvj. mylē nicht vyl dorffer od' stet
Wiltu aber zu sant Niclaß porten zugan
So magstu den wegk lassen an stan
Vnd magst ghen zu der rechten hant
Dan komestu gen Straßburg zu hant
Auch magstu by dē crutze zu der rechtē hant abschla
Vnd blyebest jn der ober straß biß gen Pompelonia
Dan ghestu abe. hinßet der stat
By dem spital ghe vff die lyncken hant ist myn rat
Vnd laß das wasser lyggen vff die rechten hant
So komestu vber .xvj. myl gen Byon zu hant
Vber .iiij. myl fyndestu eyn spital jn eynē dorff lygge

daß sie wohlbehalten diesen Anblick erleben können,
wozu sie auf einem Berg stehen müssen[110]
neben einem Kreuz, bei dem ein großer Haufen Steine liegt.
Nun möge uns Maria, die reine Jungfrau,
mit ihrem lieben Kind helfen,
daß wir dem Heiligen Jakob mit Andacht begegnen
und daß wir nach diesem Leben unseren Lohn finden
und die himmlische Krone empfangen,
die Gott Sankt Jakob gegeben hat
und allen Heiligen, die in Ewigkeit leben.
Amen.

Nun will ich wieder in Gottes Namen anheben,
die Wege kund zu tun, wie sie auf der unteren Straße[111] verlaufen.
Willst du von Sankt Jakob wieder nach Hause gehen,
BURGOS
dann ziehe zurück nach *Burgeß*.
Dort findest du vor der Stadt ein steinernes Kreuz stehen,
da sollst du nach links gehen.
PUERTO SAN AOTRIÁN
Dort kannst du fragen, wo man zu dem *porten berge*[112] geht.
Danach findest du auf 26 Meilen nicht viele Dörfer oder Städte.
Willst du aber auf den Sankt Niclaß Paß zugehen[113],
so sollst du diesen Weg nicht nehmen
und dich rechter Hand halten.
STRASSBURG
Dann kommst du geradewegs nach *Straßburg*.
Auch kannst du bei dem Kreuz nach rechts abkürzen,
PAMPLONA
und du bleibst auf der oberen Straße bis *Pompelonia*.
Dann gehst du aber jenseits der Stadt hinunter.
Biege bei dem Spital, so ist mein Rat, links ab
und laß das Wasser[114] zur rechten Hand liegen.
BAYONNE
So kommst du nach 16 Meilen direkt nach *Byon*.
Nach vier Meilen stößt du auf ein Spital in einem Dorf.

dar nach můstů eyn hohen berg an stygen
da fyndestů vber .iiij. myl eyn spital der ist gůt
Dar jnnen man den brudern gůtlichen thůt
Er ist zů Monte sancta maria genant
Vber .vj. myl komestů gen Byon zů hant
dar nach hastů .xxxvj. vber die Bardewesch heyde
die den armen brudern thůt vyl zů leyde
Versorge dich mit brôt vnd auch mit dem dranck
Jch sage dir furwar wer dar vff wirt kranck
der ist von den walhen gantz gelassen
Sie begraben gar vyl bruder vff die strassen
die dar vff hungers sterben
dan sye auch wartůng halber můssen verderben
Du fyndest nicht vyl spital an den selben enden
Jn den lesten .viij. mylen gybt man .vij. prebenden
Wiltů aber vber die kleyn heydē ghen des ich nit rat
Da komestů gen Ax jn eyn wiltbad
dan eß ghen also vyl bruder vff der selben strassen
das die luth des gebens werden verdrossen
Auch ist die straß wyt vmb
Mancher dar vff irret vnd macht jm selber krům
Jch rat dir dastů schlecht ghest gen Bardeweß
Da fyndestů auch vyl feyl der korbeß
da magstů das almůß heyssen ist dirs nôt
Sie geben jn der stat gern wyn vnd brôt
Da magstů auch dyn gelt wol sparen
da můstů vyl geben vber zů faren
Vff dem wasser hastů .vij. myl byß gen Ble
da magstů jn eyn klôster nach eyner prebenden ghen
Dar nach hastů gen Ponß gůter myl acht
Vnd .iiij. gen Sentes da betracht
Das man gybt zů ydrope prebende

Dann geht die Straße einen hohen Berg hinauf.
Dort findest du nach vier Meilen ein Spital, das gut ist.
Darin behandelt man die Pilgerbrüder herzlich.
Es heißt *Monte sancta maria*[115].
Nach sechs Meilen kommst du geradewegs nach *Byon*.
Danach hast du 36 Meilen über die *Bardewesch* Heide[116],
die den armen [Pilger]Brüdern viel Leid zufügt.
Versorge dich mit Brot und mit Getränk.
Ich sage es dir, wie es ist: Wer dort krank wird,
der wird von den Romanen allein gelassen.
Sie begraben viele [Pilger-]Brüder an dieser Straße,
die dort an Hunger sterben,
weil sie auch mangels Betreuung zugrunde gehen müssen.
Du findest in dieser Gegend nicht viele Spitäler.
Auf den letzten acht Meilen gibt man siebenmal Almosen.
Wenn du aber über die kleine Heide gehen willst, wozu ich dir nicht rate,
DAX
so gelangst du nach *Ax* in ein Wildbad.
Aber es gehen so viele [Pilger-]Brüder diese Strecke,
daß die Leute verdrossen werden, etwas zu geben.
Auch ist die Straße ein Umweg
und mancher verirrt sich auf ihr und verlängert den Weg noch mehr.
BORDEAUX
Ich rate dir, daß du bis *Bardeweß* den geraden Weg gehst.
Da gibt es viel Kürbis zu kaufen,
und da kannst du Almosen betteln, wenn es nötig ist.
Sie geben gern Wein und Brot in der Stadt.
Da kannst du auch dein Geld gut sparen,
dort mußt du nämlich viel für die Überfahrt[117] geben.
BLAYE
Auf dem Wasser hast du sieben Meilen bis *Ble*.
Dort kannst du in ein Kloster gehen wegen eines Almosens.
PONS
Danach hast du bis *Ponß* acht gute Meilen
SAINTES
und vier Meilen nach *Sentes*; dort beachte,
daß man zu ydrope[118] Almosen gibt.

Darnach fyndestu eyn klöster der brucken zü lende
darnach komestu gen Alkesion
da fyndestu eyn schloß das ist schön
Darnach saltu gen Butyrß kerge
darnach gen Schattelareye
dar nach sant Katheryn eyn schön kirchen hat
Darnach komestu gen Thorß jn die stat
Vff welsch ist sie genant Thurön
Sant Martins kirch die ist schön
Mit andacht saltu gan dar jn
Da lygt begraben der liebe herr sant Martin
da ghen abe etzlich bruder zü der rechten hant
Vnd komen durch Westerich jn theutsch lant
da magstü dich dynes leydes ergetz Metz
Vff d strasß magstü ghen gen Widerßdorff od gen
da kanstu mit den luten gekoß
darnach komestu von Thorß gen Amboß
Da lygt des kunigs son von Franckrich
darnach lygt Blese eyn stat die ist suberlich
da last du eyn wasser liggen vff die rechten hant
darnach hastu drey stett nach eyn zü hant
Dan m prebend in eyns bisschoffs hoff ist myn ratt
darnach lygt Orliens sere eyn hubsche stat
darnach nym eyner stat heist Stampoß war
darnach ligt Herym vff eynem berge gar offenbar
darnach komestu balde gen Paryß
da hyn eyn yglicher zü zeligt der dan wil werde wyß
Jn künsten vnd rechten beyde geistlich oder weltlich
Vff ertrich sach ich nye der stat glich
Von der stat hastu. xx viij. myl gen Annon
Vff welsch heist se Hampenß vnd ist sere schön
darnach vber. xiiij. myl komestü der stat baß

Danach findest du am Ende der Brücke ein Kloster.
LUSIGNAN
Danach kommst du nach *Allesion*,
da findest du eine Burg, die ist schön.
POITIERS
Danach sollst du dich nach *Butyrß* wenden,
CHÂTELLERAULT
dann nach *Schattelareye* (Châtellerault),
SAINTE-CATHERINE (DE FIERBOIS)
dann nach *sant katheryn*[119], das eine schöne Kirche hat.
TOURS
Danach kommst du in die Stadt *Thorß*.
Auf Französisch heißt sie *Thuroen*.
Die Sankt Martins Kirche ist schön,
mit Andacht sollst du hineingehen,
da liegt der liebe Herr Sankt Martin begraben[120].
Von dort gehen etliche [Pilger-]Brüder rechts ab
und gelangen durch das Westreich[121] ins deutsche Land.
Da kannst du dich von deinen Strapazen erholen.
WIDERSDORF / METZ
Auf der Straße kannst du in Richtung *Widerßdorff* oder *Metz*[122] gehen,
da kannst du dich mit den Leuten [in der eigenen Sprache] unterhalten.
AMBOISE
Danach kommst du von *Thorß* nach *Amboß*,
dort liegt der Sohn des Königs von Frankreich[123].
BLOIS
Darauf folgt *Blese*, eine Stadt, die sehr ansehnlich ist.
Dort läßt du ein Wasser zur rechten Hand liegen[124].
Danach liegen drei Städte unmittelbar hintereinander.
Dann nimm Almosen in eines Bischofs Hof, das rate ich dir.
ORLÉANS
Danach liegt *Orliens* vor dir, eine sehr schöne Stadt.
ÉTAMPES
Darauf beachte eine Stadt, die *Stampoß* heißt.
MONTHÉRY (?)
Danach liegt *Herym* sichtbar auf einem Berg vor dir.
PARIS
Anschließend kommst du bald nach *Paryß*.
Dorthin geht jeder, der gelehrt werden will
in den Künsten[125] und im Kirchen- oder Zivilrecht.
Auf Erden sah ich nie eine Stadt, die ihr gleicht.
Von der Stadt hast du 28 Meilen bis *Annon*.
AMIENS
Auf Französisch heißt sie *Hamyenß* und ist sehr schön.
100–101 Danach kommst du nach 14 Meilen schnurstracks

In eyn grösse stat ist genant Harraß
Dar nach saltü mich recht versteen
Vnd salt.ij.myl von Paryß zů sant dionysius geen
dar nach vber.v.myl fyndestu eynen spitall
By eynem schloß by eynem grössen tall
Vber.iij.myl gybstu eyn pfennig vber zů faren
So fyndestu dan eyn clöster des saltu nicht sparen
das ist des ordens sancti Benedicti genant
Vber.iiij.myl komestu gen Cleremon zů hant
du fyndest auch eyn dorff vber.iij.myl
Vber.iiij.myl eyn clöster dar hyn magstu yl
Vber eyn myl haben eyn huß die teutschen herrn
dar nach sygstu Hampenß von fern
Xiiij.myl komestü gen Harraß zů hant
Vff welsch ist sye Tribatum genant
Du hast.vj.myl gen Thobaie die synt nicht größ
dar nach.viij.gen sant Fallentius
dar nach synt.vij.myl gen Bergen jn Henegaw
Vber.iij.myl komestu gen Sone wiltu dich zaw
Darnach ist eyn myl gen Brenlekont
Vber.iij.myl komestü gen Hall zů stůnt
dar nach synt.ij.myl gen Prüsszel
dar nach.iiij.myl gen Losen die gestü schnel
dar nach.uij.gen Ditsch vnd.vij.gen Tricht
Vnd.iiij.gen Ach da saltu dyn sunde bychten
Vnd salt Got vnd Marien danck vnd lob sagen
Dastü da hyn komen bist mit gesunden tagen
Vnd salt Got vnd Marien dienen mit flyß
So magstü der gnaden dester baß genyß
die vyl menschen da suchen vß ferren landen
Maria wolle vns behüten vor den ewigen bande:
Vnd wolle vns armen sundern gnad erwerben

ARRAS
in eine große Stadt, die *Harraß* heißt.
Nun paß gut auf, was ich dir sage:
ST-DENIS
Du sollst zwei Meilen von *Paryß* nach *sant dionysius* gehen.
Fünf Meilen weiter findest du dann ein Spital,
neben einer Burg bei einem großen Tal[126].
Nach drei Meilen gibst du für die Überfahrt einen Pfennig[127].
Da stößt du dann auf ein Kloster, an dem du nicht vorbeigehen sollst,
das ist nach dem Orden des Hl. Benedikt benannt[128].
CLERMONT
Nach vier Meilen kommst du alsbald nach *Cleremon*.
Nach drei Meilen findest du ein Dorf,
nach vier Meilen ein Kloster[129], in das du einkehren kannst.
Eine Meile entfernt haben die Deutschherren ein Haus.
Dann siehst du *Hamyenß* von fern.
Nach 14 Meilen kommst du direkt nach *Harraß*.
Auf Französisch heißt die Stadt *Tribatum*.
DOUAI
Du hast sechs Meilen bis *Thobaie*, die sind nicht weit,
VALENCIENNES
danach acht bis *Sankt fallentius*.
BERGEN (MONS) IM HENNEGAU
Danach sind es sieben Meilen bis *Bergen* im *Henegaw*.
SOIGNIES (ZINNIK)
Nach drei Meilen kommst du nach *Sone*, wenn du dich beeilst.
BRAINE LE COMTE
Danach ist es eine Meile bis *Brenlekont*.
HALLE (HAL)
Nach drei Meilen kommst du direkt in *Hall* an.
BRÜSSEL
Danach sind es zwei Meilen bis *Prüsszel*.
LÖWEN
Danach gehst du schnell vier Meilen bis *Lofen*,
DIEST UND MAASTRICHT
anschließend vier bis *Ditsch* und sieben bis *Tricht*
AACHEN
und vier bis *Ach*, dort sollst du deine Sünden beichten
und sollst Gott und Maria Dank und Lob sagen,
daß du bis dahin gesund gekommen bist,
und du sollst Gott und Maria mit Eifer dienen.
So kannst du von den Gnaden um so mehr Vorteil haben,
die viele Menschen aus fernen Ländern dort suchen[130].
Maria möge uns beschützen vor den ewigen Todesbanden
und für uns arme Sünder Gnade erwerben,

Das wir nicht mögen des ewigen tödes sterben
Sūder das wir got vñ sant Jacob ewigliche̅ schawe̅
Vnd alle gottes heiligen vnd vnser liebe̅ frawe̅
Amen.

Ich Hermãnus künig ordens der mergen knecht
Hab gedicht diß buchelyn recht
Das dan heist sant Jacobs straß
Got wolle mich nymmer gesterben laß
Ich solt dan ewiglichen by jm blieben
Als man schryb M.cccc. vnnd .xcv. ist eß geschryben
Vff den tag der heyligen frawen sant Annen
Got wolle vns behüten vor den ewigen banden.
Amen.

auf daß wir nicht der ewigen Verdammnis anheim fallen,
sondern daß wir Gott und den Hl. Jakobus ewig schauen
und alle Heiligen Gottes und Unsere Liebe Frau.
Amen.
Ich, Hermannus Künig, Bruder des Servitenordens[131],
habe dieses Büchlein zu Papier gebracht,
das den Namen »Sankt Jakobs Straße« trägt.
Gott wolle mich niemals sterben lassen,
wenn ich dann nicht ewig bei ihm bleiben kann.
Es wurde im Jahr 1495 geschrieben,
am Tag der heiligen Frau Sankt Annen[132].
Gott wolle uns behüten vor den ewigen Todesbanden.
Amen.

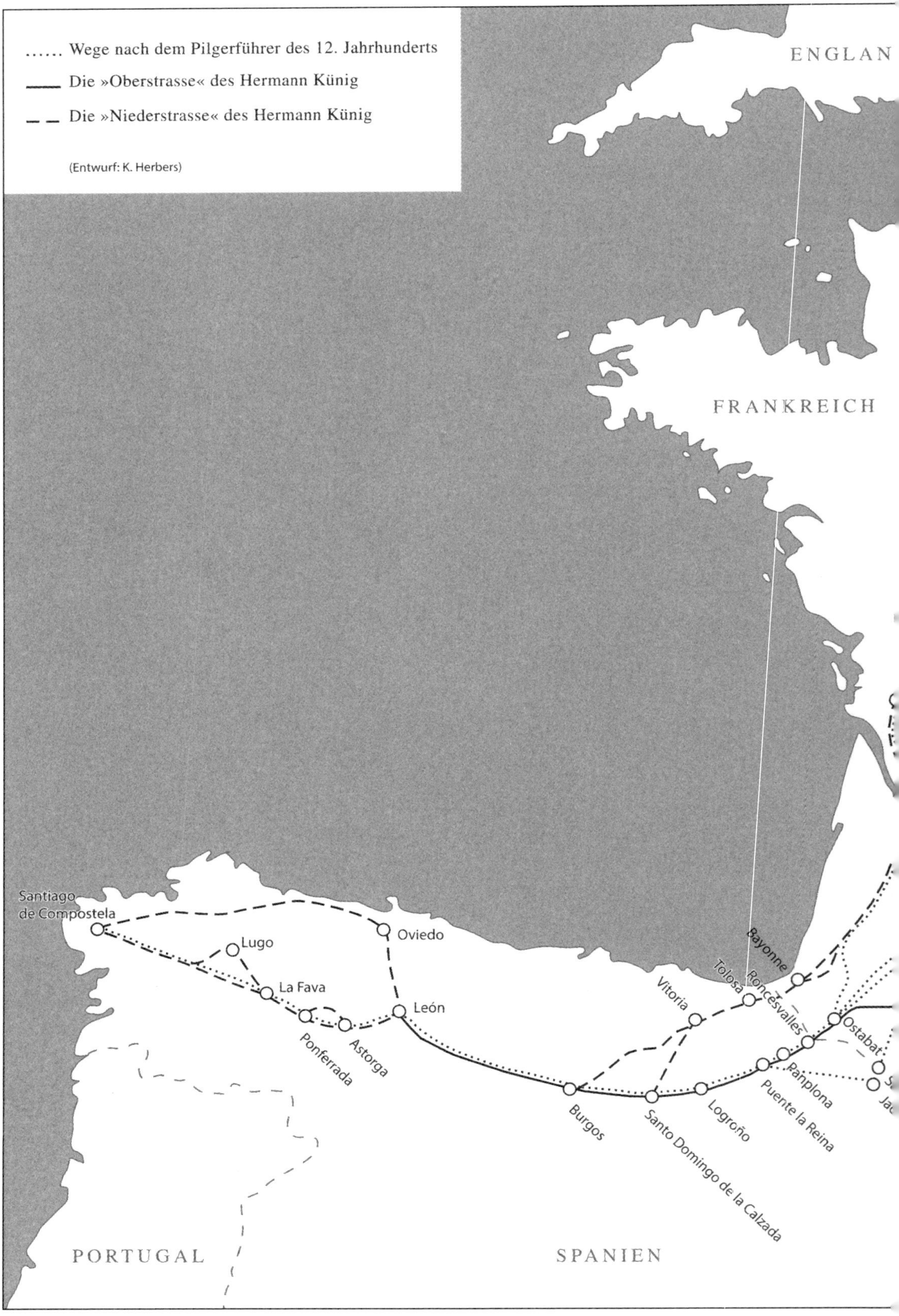

...... Wege nach dem Pilgerführer des 12. Jahrhunderts
—— Die »Oberstrasse« des Hermann Künig
– – Die »Niederstrasse« des Hermann Künig
(Entwurf: K. Herbers)
ENGLAN
FRANKREICH
Santiago de Compostela
Lugo
Oviedo
La Fava
León
Ponferrada
Astorga
Burgos
Santo Domingo de la Calzada
Logroño
Vitoria
Tolosa
Bayonne
Roncesvalles
Pamplona
Puente la Reina
Ostabat
PORTUGAL
SPANIEN

BELGIEN
Brüssel
Aachen
Arras
Amiens
DEUTSCHLAND
Paris
ederstrasse«
Orléans
VÉZELAY
Bourges
Luzern
Einsiedeln
Bern
SCHWEIZ
Lausanne
Freiburg
Genève
Limoges
»oberstrasse«
Chambéry
igueux
LE PUY
ITALIEN
Valence
Conques
Pont-St-Esprit
Nîmes
ARLES
St Gilles
Toulouse
Béziers
Narbonne

Anmerkungen zur Einleitung

1 Vgl. Plötz, *Apostel Jacobus*, S. 120–124.

2 Díaz y Díaz, *Literatura Jacobea*, S. 226 f.; Plötz, *O desenvolvimento histórico*, S. 54 f.

3 Gaiffier, *Le Breviarium*, S. 69–116; Plötz, *Apostel Jacobus*, S. 63–66.

4 Herbers, *Frühe Spuren*, S. 9; Herwaarden, *The Origins*, S. 30–32; Plötz, *Apostel Jacobus*, S. 88–94; Díaz y Díaz, *Literatura Jacobea*, S. 335f.

5 Plötz, *Apostel Jacobus*, S. 124–139, López Alsina, *La ciudad de Santiago*, S. 121 f., Díaz y Díaz, *Translatio*, S. 517–568; zusammenfassend Herbers, *Wol*, S. 20–24.

6 Ausführlich hierzu: Plötz, *Apostel Jakous*, Herwaarden, *St. James*, López Alsina, *Ciudad*, Herbers, *Politik und Heiligenverehrung*, Díaz y Díaz, *Translatio*.

7 Herbers, *Frühe Spuren*, S. 20 f.

8 Vgl. zum folgenden Herbers, *Politik und Heiligenverehrung*, bes. S. 209–239.

9 Falque, Rey, *Hist. Comp.*

10 Herbers, Santos Noia, *Liber*; vgl. Herbers, *Jakobsweg* (Einl.).

11 Mieck, Wallfahrt 1400–1650.

12 Vgl. Herbers, Plötz, *Nach Santiago*, S. 323–333; Herbers, *Wol*, S. 165–171

13 Herbers, *Politik und Heiligenverehrung*.

14 Vgl. z. B. zusammenfassend Plötz, *Jacobus maior*, S. 171–232; Herbers, Politik und Heiligenverehrung S. 198–202 und 262–265; Ders. *Wol*, S. 113–115.

15 Zur Begriffserläuterung vgl. u. a.: Labande, *»Pauper et Peregrinus*; Plötz, *Peregrini – Palmieri – Romei*; Ders., *Deutsche Pilger nach Santiago de Compostela*, bes. S. 1–5.

16 Ladner, *Homo Viator*, Kriss-Rettenbeck/Illich, *Homo viator – Ideen und Wirklichkeiten*, Plötz, *Homo Viator*, Ders., *The Mentality of the Pilgrim*, S. 21–53.

17 Angenendt, *Reliquien*.

18 Herbers, Plötz, *Jakobus in Deutschland*, S. 10 f.

19 Plötz, *Indumenta peregrinorum*.

20 Chibnall, *Orderic Vitalis*, Book VIII, S.188.

21 Young, *The Drama*, vol. I S. 451–483. Vgl. v. Wilckens, *Die Kleidung der Pilger*, S. 174–180.

22 Sebald Ilsung aus Augsburg bemerkt in seinem Bericht über seine Pilgerreise nach Compostela (1446–48) sogar, daß – abgesehen vom Heiligen Land – dorthin die meisten Pilger kämen (Honemann, *Sebastian Ilsung als Spanienreisender*, S. 90, XIV, 14 f.). Vgl. u. a. Sigal, *Les marcheurs de Dieu*, S. 113–115.

23 Vgl. Herbers, *Pilger auf dem Weg nach Jerusalem*, S. 103–133.

24 Clm 300 35: vgl. Klemm, *Ein illustriertes Reliquienverzeichnis in der Bayerischen Staatsbibliothek*, und Canz, *Reliquienverzeichnis des Nikolaus Omichsel*, S. 73 f., Nr. 86. Nikolaus soll am 8. Juni 1333 in Santiago de Compostela gestorben und dort ehrenvoll begraben worden sein.

25 Plötz, *Santiago-Pilgerstraßen in Europa – Wege der Jacobus-Pilger in Europa*.

26 Vgl. Herbers, *Frühe Spuren*.

27 Ildefons von Toledo, *De virginitate beatae Mariae*, S. 33–35. Zur Sache vgl. Vázquez de Parga u. a., *Las peregrinaciones*, Bd.1, S. 41 f.

28 Vgl. Leinweber, *Die Santiago-Wallfahrt*, passim.

29 Vgl. hierzu, Schmugge, *Motivstrukturen*; Herbers, *Warum macht man sich auf den Weg?*

30 Vgl. Plötz, *Deutsche Pilger nach Santiago*, S. 17–23; Paravicini, *Heidenfahrt zur Kavalierstour*; Ders., *Le grand tour* (im Druck).

31 Vgl. Paulus, *Geschichte des Ablasses*, Bd.2, S. 240f.

32 Eine zunehmene Ablaßfrömmigkeit will Meyer, *Von Santiago nach Toulouse*, feststellen.

33 Vgl. Schimmelpfennig, *Die Anfänge des Heiligen Jahres*.

34 Vázquez de Parga u.a., Peregrinaciones, Bd. 3, Apéndice, Nr. 36, S. 44. Zum Weg in Palencia vgl. Plötz, *Iter Peregrinorum*, S. 137–162.

35 *Historia Silensis*, S. 179.

36 Vgl. Vázquez de Parga u.a., *Peregrinaciones*, Bd. 2, S. 12 und Plötz, *Deutsche Pilger nach Santiago*, hier S. 8 f.

37 Auch hierfür ist Arconada ein gutes Beispiel (siehe oben). Aufgrund der Gründung und intensiven Förderung eines marianischen Kultzentrums im Süden von Arconada an der alten Römerstraße durch Alfons X. († 1284), wurde der Pilgerweg durch die neue Gnadenstätte geführt und Arconada blieb »links« liegen.

38 Zur rechtlichen Sonderstellung der Pilger vgl. Carlen, *Wallfahrt und Recht*, besonders S. 115–171.

39 Vgl. allgemein Valiña Sampedro, Camino; Carlen, Wallfahrt und Recht, ibid.

40 Vgl. allgemein Wiederkehr, *Das freie Geleit*, insbesondere S. 32; Koehler, *Geleit*, besonders Sp. 14S4f. sowie Schaab, *Geleit*. Das Geleit entwickelte sich im Laufe des Mittelalters vom personengebundenen Geleit zum territorial gebundenen Geleit, vgl. Schaab, *Geleitstraßen um 1550*, S. 4–6; Kintzinger, *Westbindungen*, 198-206

41 Vgl. Vincke, *Geleitbriefe für deutsche Pilger in Spanien*, S. 258–265 und Vielliard, *Pèlerins d'Espagne*, S. 265–300; vgl. knapper Vázquez de Parga u.a., *Peregrinaciones*, Bd. 3, S. 29–32 und ferner Carlen, *Wallfahrt und Recht*, S. 141.

42 Vgl. z. B. den Bericht des Sebastian Ilsung, ed. Honemann, Sebastian Ilsung, S. 61–95. Die im Text genannten *fider brief* (CIX 17 und XIII 11, S. 85 und 89) können durchaus als Geleitbriefe verstanden werden, vgl. hierzu auch Salicru, *Caballeros cristianos*.

43 Liber Sancti Jacobi V 7, ed. Herbers, Santos Noia, *Liber*, S. 239, deutsch: Herbers, *Jakobsweg*, S. 113.

44 Lacarra, *Un arancel de aduanas*, Edition S. 19f., (Text von 1076–1094). Auch abgedruckt bei Vázquez de Parga u.a., *Peregrinaciones*, Bd. 3, S. 109.

45 Die Literatur zu den sogenannten »falschen Pilgern« berücksichtigt in der Regel eher Kriminelle, vgl. Carlen, *Wallfahrt und Recht*, S. 221–224 sowie Schmugge, *Der falsche Pilger*, der hauptsächlich die sogenannten »Mietpilger« behandelt. – Auf Handel in Herbergen macht Garrison, *Les hôtes et l'hébergement*, S. 201 ff. aufmerksam.

46 Vgl. Vázquez de Parga u.a., *Peregrinaciones*, Bd. 1, S. 465–497; Defourneaux, *Les Français en Espagne*, S. 230–258; García de Valdeavellano, *Origenes de la burguesía*, S. 103–177 sowie knapper: Ammann, *Vom Städtewesen Spaniens*, bes. S. 111 und 118, und das mittelalterliche Königreich León betreffend: Reglero de la Fuente, *Espacio y Poder*.

47 Vgl. García de Valdeavellano, *Origenes de la burgesía*, S. 87ff. und 100 in Fortführung der Thesen von Pirenne.

48 Herbers, *Europäisierung*, S. 13–17 und die weiteren Beiträge in diesem Sammelband.

49 Vgl. Defourneaux, *Les Français*, S. 230ff.; Garcia de Valdeavellano, *Orígenes de la burgesía*, S. 103–176; Lacarra, *A propos de la colonisation »franca«*, insbesondere S. 333–335,

50 Pfister, *Galloromanische Sprachkolonien*, insbesondere S. 27–30.

51 Vgl. Passini, *Villes médiévales* sowie Ders., *El camino de Santiago*.

52 Kellenbenz, *Ventas*; Schmugge, Pilgerverkehr

53 Zur gegenseitigen Bedingtheit von ökonomischen und kultgeographischen Faktoren Cohen, *Roads and Pilgrimage*; Ennen, *Stadt und Wallfahrt in Frankreich*; Irsigler, *Bedeutung von Pilgerwegen*, Herbers, *Stadt und Pilger*.

54 »Liber Sancti Jacobi« V 8, ed. Herbers, Santos Noia, *Liber*, *S. 241–250* deutsch: Herbers, *Jakobsweg*, S. 123–153.

55 So Díaz y Díaz, *Calixtino*, S. 30. Allerdings finden sich auch Ausnahmen im V. Buch des »Liber Sancti Jacobi«, die eher eine Gleichordnung andeuten. Vgl. z. B. Herbers, Santos Noia *Liber*; 243 (ähnliche Rechte von Jakobus, Martin, Leonard und Aegidius) oder 246 (ähnlich den Heilungen in Compostela, die auf S. 256 beschrieben werden).

56 Vgl. Cohen, *Roads*, besonders S. 325–330.

57 Herbers, Santos Noia *Liber*, S. 244;

58 Vgl. Hermann Künig von Vach, unten Vers 102ff.

59 Vgl. zur Benutzung der Rhône Nice Boyer, *Roads and Rivers*, S. 69–71, zum Rhein vgl. Röckelein, Wendling, *Wege der Jakobspilger*, S. 95–97.

60 Cohen, *Roads*, S. 327f. verweist darauf, daß der Niedergang auch durch die Lage an keiner der (auch ökonomisch) wichtigen Straßen bedingt war.

61 Boehm, *Geschichte Burgunds*, S. 95, Saxer, *L'origine des reliques de sainte Marie Madeleine*; Ders., *Le culte de Marie-Madeleine en Occident* und Ders., *Le dossier vézelien de Marie Madeleine*.

62 Vgl. Cohen, *Roads*, S. 329f. mit Hinweisen zum Aufschwung von St-Maximin im 13. Jahrhundert. Weitere Überlegungen zu »Pilgerwegen« z. B. in den Beiträgen des Bandes Herbers, Bauer, *Ostmitteleuropa*.

63 Herbers, *Pilgerführer*. In: Lexikon des Mittelalters, Bd. 6, Sp. 2156; Herbers, *Jakobsweg* mit Angabe weiterer Übersetzungen.

64 Seit 1993 ist der Liber Sancti Jacobi als Facsimile erhältlich, vgl. auch die mit einer Einleitung versehene Transkription von Herbers, Santos Noia, *Liber*. Deutsche Übertragung des Pilgerführers: Herbers, *Jakobsweg*, weitere Teile: Herbers, Klein, *Libellus*.

65 Vgl. Heit, *Itinerar*. In: Lexikon des Mittelalters, Bd. 5, Sp. 772–775.

66 Zu benutzen sind diese frühen Itinerarien in: *Itineraria et alia Geographica; Itinerarium Bernardi monachi Franci;* Albert von Stade, *Annales Stadenses*. Vgl. Krüger, *Stader Itinerar;* zu Egeria auch Roewekamp, *Itinerarium*.

67 Allgemein von den Brincken, *Kartographische Quellen*, sowie speziell zu Karten, die für Pilger geeignet waren, Kupčik, *Karten der Pilgerstraßen*.

68 Die einschlägigen Texte finden sich gesammelt und ediert bei Valentini, Zucchetti (Hg.), *Cod. topografico della città di Roma 3*.

69 Vgl. beispielsweise definitorische Überlegungen bei Richard, *Récits de voyage*, S. 14–23; Herbers, *Pilgerführer*. In: Lexikon des Mittelalters, Bd. 4, Sp. 2156 (mit Literatur).

70 Herbers, *Jakobsweg*, S. 102–106.

71 Ebd., S. 153–182 und 106–153.

72 So z. B. im Zusammenhang mit der Diskussion um die sogenannten »Pilgerstraßen«, vgl. hierzu Herbers, *Via peregrinalis*, und Röckelein/Wendling, *Wege der Jakobspilger*.

73 Herbers, *Jakobsweg*, S. 102–104; vgl. dort weitere Erläuterungen.

74 Vgl. hierzu den Überblick *Unterwegssein im Spätmittelalter* In: Zeitschrift für Historische Forschung, Beiheft 1, 1985; Schubert, *Fahrendes Volk* bes. 1–66.

75 Vgl. A. Heit, *Itinerar*.

76 Hg. von Hamy, *Le livre de la description*, S. 161–216.

77 Krüger, *Das älteste deutsche Routenhandbuch*; Szabo, *Das Straßennetz*, S. 27–40. Vgl. allgemein die Beiträge in Jakobus-Studien 12 und hier bes. Thomas Szaba.

78 Zu den Karten Etzlaubs und Waldseemüllers, beide aus dem beginnenden 16. Jahrhundert, vgl. Kupčik, *Karten der Pilgerstraßen, vgl. die Abb. oben S. 22*

79 Röckelein, Wendling, *Wege und Spuren*, bes. S. 89–97 (für Südwestdeutschland); Herbers, *Via peregrinalis*, bes. S. 7–20 (allgemein zur Problematik der Pilgerwege).

80 Vgl. Hassauer, *Volkssprachliche Reiseliteratur*, S. 261 ff.

81 Vgl. die Sammlung von Herbers, Plötz, *Nach Santiago*, sowie den zusammenfassenden Forschungsbericht von Reichert, *Erfahrung der Welt, bes. 11–23* und Paravicini, *Le grand tour* (im Druck).

82 Vgl. z. B. Herbers, *Murcia ist so groß wie Nürnberg*.

83 Weg und Etappen: Kapitel 1–3; Zielort: Kapitel 9 und 10. Vgl. Herbers, *Jakobsweg*, S. 101–106 und 153–184; dazwischen Kapitel zu Hospizen, Flüssen, Landschaften und Völkern sowie den heiligen Leichnamen an den Wegen.

84 Häbler, *Wallfahrtsbuch*.

85 Vgl. zusammenfassend: Mieck, *Témoignages*, S. 17, Nr. 25; Honemann in: Verfasserlexikon, 2. Aufl., Sp. 437 f.; Herbers, *Erster Pilgerführer*, S. 32 f.; Ganz-Blättler, *Andacht*, S. 85 u. 418 f.; Almazán, *Quête du pardon*, S. 56–58.

86 Erstmals zu Vach Küther, *Vacha*, S. 148–153; Häbler, *Wallfahrtsbuch*, S. 56 f. zu Oberdeutschland.

87 Herbers, *Erster Pilgerführer*, S. 33.

88 Vgl. Küther, *Vach*, S. 151 mit Anm. 82; Herbers, *Erster Pilgerführer*, S. 33 f.

89 Almazán, *Quête du pardon*, S. 56–58 zu Herkunft, Dialekt und Drucken. Die folgenden Hinweise zur Sprache verdanken wir Dr. Arne Holtorf, Tübingen.

90 Häbler, *Wallfahrtsbuch*, S. 59; die folgenden Zweifel sind auch deshalb erstaunlich, weil Häbler wie kein anderer der Inkunabelforschung verpflichtet war.

91 Nur in Berlin, Staatsbibliothek, nachgewiesen. Vgl. zu diesem Druck Voulliéme, *Inkunabelkatalog*, Nr. 2844, sowie Copinger, *Supplement*, Nr. 3460.

92 Wir danken Herrn Dr. Frieder Schanze (Tübingen), Herrn Dr. Thomas Wilhelmi (Basel und Universitätsbibliothek Tübingen) sowie Frau Dr. Anneliese Schmitt (Staatsbibliothek Berlin).

93 So Dr. Wilhelmi und Frau Dr. Schmitt, kritischer Dr. Schanze.

94 Denkbar wäre Basel als Druckort, jedoch wären auch Trier, Speyer, Heidelberg, Bamberg, Marienthal, Eltville und Würzburg nochmals als Druckorte eingehend zu prüfen. In Hessen, in der Nähe des Klosters Vacha, gab es bis zum Beginn des 16. Jahrhunderts jedenfalls keine Offizin.

95 Vgl. hierzu Muller, *Bibliographie Strasbourgeoise*. 2, S. 55–70.

96 Vgl. Häbler, *Wallfahrtsbuch*, S. 59 und Honemann, *Künig*.

97 Vgl. Honemann, *Helmich*, S. 975 f.

98 Beide von uns benutzten Exemplare befanden sich ehemals in der Staatsbibliothek Berlin; nach den Auslagerungen im Zweiten Weltkrieg inzwischen in der Universitätsbibliothek Krakau, der wir für die Übersendung entsprechender Mikrofilme danken. – Vgl. Copinger, *Supplement*, Nr. 3461; VD 16: K 2539–2542 verzeichnet die vier Drucke des 16. Jahrhunderts nach Häblers Angaben, ohne Bestandsnachweis, außer für die Nürnberger Ausgabe von 1520 (London, British Museum). Demnach ist diese Ausgabe zumindest ein zweites Mal nachgewiesen. – Vgl. die Textproben aus beiden Drucken in den Abbildungen S. 27.

99 F. Schanze erarbeitet eine umfassende kommentierte Bibliographie zu den frühen deutschsprachigen Drucken.

100 Vgl. Abbildung S. 171, vgl. auch die Abbildung der undatierten Nürnberger Ausgabe bei Häbler, *Wallfahrtsbuch*, S. 58.

101 Häbler, *Wallfahrtsbuch*, S. 59: »vielleicht aus derselben Druckerei«.

102 Die folgenden Bemerkungen zur sprachlichen Gestalt verdanken wir wiederum Herrn Dr. Arne Holtorf.

103 In der neuhochdeutschen Übertragung wird angemerkt, wenn die späteren Drucke zu Vergleichszwecken herangezogen wurden.

104 Vgl. schon Herbers, *Erster Pilgerführer*, S. 39, Göttler, *Jakobus und die Stadt*, vgl unten Anm. 14–15 zum Pilgerführer

105 Vgl. unten, Anmerkung zu Vers 54.

106 Vgl. Funke, *Buchkunde*, S. 98; in der Frühzeit des Druckes wurden in der Regel 250–300 Exemplare gedruckt, erst nach 1480 sind Auflagen bis zu 1000 möglich geworden, für den hier besprochenen Titel könnten je 200–800 Exemplare realistisch sein.

107 Vgl. Abbildungen S. 30f.; die Titelblätter hat Häbler, *Wallfahrtsbuch*, S. 56, 58 und 60 reproduziert. Den Titelholzschnitt der frühesten Ausgabe vgl. beim Auszug des Facsimile, S. 35. Der bei Häbler nicht abgebildete Titel der Ausgabe von Nürnberg 1520 ist mit dem der undatierten Nürnberger Ausgabe bei leichter Variation des Textes im Titel fast identisch, vgl. auch oben zur »Wiederverwendung« des Holzschnittes.

108 Vgl. Plötz, *Imago*, S. 251 mit Anm. 41 und 55 und die dort zitierte Literatur.

109 In diesem Punkt trifft sich die Zielgruppe des Autors vielleicht mit derjenigen des Pilgerliedes »Wer das elent bawen wel«, vgl. Herbers, Plötz, *Nach Santiago*, S. 151–161 sowie Herbers, *Wol*, S. 61–66 und Plötz, *Hay cinco montes*.

110 Immerhin charakterisiert Künig mehrfach Meilen als besonders lang oder besonders kurz, vgl. auch unten Vers 48 mit Anm. 8.

111 Eine Auflistung der entsprechenden Stellen mit der jeweiligen Frequenz findet sich in der unveröffentlichten Lizentiatsarbeit von Michael Stolz (Ms. Bern 1987), S. 49 f., für deren Überlassung wir dem Verfasser herzlich danken.

112 Zur Raum-Zeit Problematik im Zusammenhang mit dem Pilgerweg, vgl.

Hassauer, *Santiago* und Dies., *Faszination des Reisens*, S. 269–271.

113 Vgl. Herbers, *Erster Pilgerführer*, S. 43 f. und Herbers, Plötz, *Nach Santiago*, S. 156–161.

114 Vgl. Herbers, Plötz, *Nach Santiago*, S. 153, und Herbers, *Reise- und Grenzüberschreitungen*.

115 Hierzu im einzelnen Stolz in seiner Lizentiatsarbeit (vgl. Anm. 111), S. 51 ff.

116 Vgl. unten Vers 532–535.

117 Stolz in seiner Lizentiatsarbeit (vgl. Anm. 111), S. 53, vgl. auch dort S. 40 f.

118 Vgl. unten Vers 532–535.

119 Ausnahme: Mischlewski, *Antoniterorden*, S. 34 Anm. 92.

120 Die Karte findet sich als Beilage bei Mischlewski, *Antoniterorden*.

121 Herbers, *Jakobsweg*, S. 134.

122 Vgl. Herbers, *Peregrinos, escritores*, S. 123.

123 Diese Probleme der Identifizierung liegen auch in den ständig wechselnden Trägerschaften der verschiedenen Institutionen begründet, die nur die Lokalforschung aufarbeiten könnte. Burgos hatte beispielsweise gegen Ende des 15. Jahrhunderts bei etwa 10 000 Einwohnern 20 ausgewiesene Spitäler oder Herbergen; vgl. M. Cuadrado, *Plan*, in: Santiago de Compostela (Katalog 1985), S. 263, Nr. 90. Demgegenüber erwähnt Künig 32 Spitäler! (vgl. Vers 421).

Anmerkungen zum Pilgerführer

1 »Jakobsbruder«, oder oft auch nur »Bruder«, verwendet Künig fast durchgehend als Bezeichnung für die Jakobspilger; vgl. hierzu Jacob und Wilhelm Grimm, Deutsches Wörterbuch, Bd. 10, Sp. 2202 f. – Die Zählung am Rand bezieht sich auf die in der Ausgabe von 1495 fortlaufenden Verse und ist keine Zeilenzählung.

2 Mhd. *kapun*, Beschnittener, in gezielter Entstellung von mittellat. *caupo* (wie beispielsweise schon in der Chronik der Bischöfe von Le Mans), möglicherweise herabsetzend für den Schankwirt, Spitalwirt gebraucht; vgl. *capo* als lateinische Bezeichnung für den Eunuchen. Diese könnten auch geistlichen Standes gewesen sein, denn Kleriker wurden zuweilen auch als »Kapaune« (Beschnittene) bezeichnet; vgl. auch »Kapaun« und »Kapauen« bei Grimm, *Deutsches Wörterbuch*, Bd. 11, Sp. 182 (das Wortspiel »gekäpte, aber nicht cappaunte mönch« ist demnach belegt).

3 Vgl. die ähnliche Formulierung unten in Vers 519f.; zur Interpretation der Krone Herbers, *Erster Pilgerführer*, S. 44 f.

4 »Römische Gnade« bedeutet Ablaß.

5 Zu Einsiedeln und der dort seit dem 13. Jahrhundert ständig zunehmenden Bedeutung als Kultstätte vgl. J. Salzgeber, *Einsiedeln*, S. 517–594, bes. S. 531.

6 Künig unterscheidet den Weg über Einsiedeln als »Oberstraße« von der sogenannten »Niederstraße«, vgl. unten Vers 524 sowie die Karte S. 108.

7 Wohl die »Teufelsbrücke« zwischen Einsiedeln und Luzern.

8 Die im folgenden gegebenen Entfernungsangaben beziehen sich wohl in der Regel auf die deutsche Meile mit etwa 7 km.

9 Zur dortigen Infrastruktur für Pilger, besonders zum Spital vgl. allgemein Ganz-Blättler, *Daß die strassen*; zu Pilgerberichten und Luzern S. 115 f. und Göttler, *Jakobus und die Stadt*, bes. zu Künig S. 40–60 (mit neuen Ergebnissen).

10 Gemeint ist *an* einem großen See.

11 Wohl die (erst kürzlich abgebrannte und inzwischen wieder renovierte) Hof- und Kapellenbrücke, die am 31. Mai 1495 zerstört wurde.

12 Die genauen Quellen für die nachfolgende Geschichte sind nicht bis ins Letzte zu klären, vgl. zu dieser Passage Göttler, *Jakobus und die Stadt*, # *Legenda aurea*. Hg. von Th. Graesse, 3. Aufl. 1890, S. 233–235; vgl. auch Herbers, *Erster Pilgerführer*, S. 37 mit Anm. 27.

13 Die Bezeichnung *fractus mons* für den Berg Pilatus ist etwa seit 1200 nachgewiesen; vgl. hierzu Peter Xaver Weber, *Der Pilatus und seine Geschichte*. Luzern 1913, S. 91.

14 Hierzu Herbers, *Erster Pilgerführer*, S. 39). Göttler, *Jakobus und die Stadt* 52–53 kommt zu dem Schluß, daß der Texthinweis, der eine Route über den Brünigpaß wahrscheinlich machen würde, wohl ein Irrtum sein müsse. Der bisher unterbliebene Vergleich mit den anderen späteren Drucken zeigt zumindest in den beiden hier herangezogenen Drucken im Text von Jobst Gutknecht die wohl »korrigierte« Fassung: »Den laß da ligen zu der lincken handt.«

15 Nach der Pilatussage in der *Legenda aurea* muß dies wohl Gregor der Große (590–604) gewesen sein. Die Hinweise auf das Unwetter beziehen sich wohl auf die großen Überschwemmungen 589 vor dem Pontifikat Gregors des Großen in Rom und Italien, die auch im *Liber pontificalis* festgehalten sind. Duchesne. Bd. 1, S. 309 mit Anm. 2.

16 Die Streckenangabe ist, gleich welchen Weg man von Luzern nach Bern annimmt, recht niedrig angesetzt; Göttler, *Jakobus und die Stadt*, S. 9–13 diskutiert verschiedene Routen und favorisiert von vier möglichen Routen (über Brünigpaß, Entlebuch, Werthenstein und Ruswil) die

Wege über Werthenstein und Ruswil. Insgesamt sind die Wege der Schweiz entsprechend der meisten spätmittelalterlichen und frühneuzeitlichen Pilgerberichte in den Publikationen des *Inventars historischer Verkehrswege der Schweiz* dokumentiert. Die Meilenangaben bei Künig scheinen nicht immer der Entfernung von etwa 7 km zu entsprechen.

17 Zur Annaverehrung, die ab dem 2. Jahrhundert in Apokryphen erwähnt wird, aber erst im späteren Mittelalter Bedeutung erlangte, bei Hermann Künig vgl. Herbers, *Erster Pilgerführer*, S. 45–47.

18 Wahrscheinlich ist die hier genannte Jakobuskapelle mit der Jakobus- und Antoniuskapelle identisch, der Papst Urban V. am 3. März 1364 einen Ablaß von einem Jahr und 40 Tagen verlieh für diejenigen, die sie an Festtagen besuchten und die Armen unterstützten (*Lettres communes 3*. Hg. von A.-M. Hayez. Rom 1974, S. 331). Vgl. zu dieser Kapelle und der häufigen Kombination von Jakobus- und Antoniuspatrozinium Mischlewski, *Antoniterorden*, S. 34.

19 Hermann Künig hat diesen Ortsnamen wie verschiedene andere »germanisiert«.

20 *gebuge* im Text ergibt keinen Sinn; die Drucke aus Straßburg (ohne Jahr) und von Jobst Gutknecht von 1520 schreiben *gebirg* bzw. *gebuerg*.

21 Die beiden anderen erwähnten Drucke schreiben *feronis*. Es muß wohl Voiron, bzw. das benachbarte Moirans gemeint sein; von dort folgt der Weg bis Romans weitgehend dem Isèretal.

22 Eventuell auch Aibon im Exemplar von 1495; die beiden anderen Drucke schreiben arbon. Durant, *Künig*, identifiziert den Ort mit L'Albenc; andere Übersetzungen mit Aibon nennt den wohl identischen Ort Arbene.

23 Vgl. zur Bedeutung des Antoniterordens bei der Pilgerunterstützung Mischlewski, *Antoniterorden*, S. 33–35. Der Rang als geistliches Zentrum geht auch daraus hervor, daß man zum Besuch deutlich von dem der Isère folgenden Weg nach Norden abweichen mußte.

24 Gemeint sind Exvoto-Gaben, denn Saint-Antoine war selbst ein wichtiger Pilgerort.

25 Gemeint ist wohl der in Savoyen übliche Quarto (auch Cuarto), eine Billonmünze der Herzöge von Savoyen zu 1/4 Groschen, die vor allem vom 14. bis 17. Jahrhundert im Umlauf war; vgl. Schrötter, *Münzkunde*, S. 542.

26 Die Hardis wurden vor allem ab 1467 als kleine Standardmünze besonders im südlichen und westlichen Frankreich gebraucht (Prägungen von Ludwig XI. von Frankreich). Der Name kommt von »farthing« (1/4 Groschen), die in Guyenne und der Gascogne unter englischer Herrschaft eingeführt wurden; vgl. hierzu Schrötter, *Münzkunde*, S. 253.

27 Der Text *by fern sieplet zu gehen* ergibt keinen Sinn; von germanistischer Seite (Prof. Sappler, Tübingen) stammt der Vorschlag zur Emendation: *by froun s'il vous plait zu ghen*, also die Frauen um ihre Gunst zu bitten. Interessanterweise schreibt die undatierte Straßburger Ausgabe: *Die dir sagen, wie weit sie pflegen zuo gen*, ähnlich die Ausgabe von Jobst Gutknecht. Also auch die späteren Ausgaben sind von einer »vagen Eindeutigkeit«. Vor dem Hintergrund der Ordenszugehörigkeit Künigs könnte allerdings auch an eine Deutung »in der Ferne *s'il vous plait* zu gehen«, also um Unterstützung zu bitten, gedacht werden.

28 Die beiden späteren, zum Vergleich herangezogenen Drucke schreiben hier Romanus.

29 Überquerung der Drôme.

30 Die undatierte Straßburger Ausgabe schreibt Montelorum – die Ausgabe von Jobst Gutknecht Montelorum – Azemarschnell.

31 Wohl irrig für petralata, auch die beiden späteren herangezogenen Drucke schreiben Pierrelatte.

32 Über diese bekannte, 1265–1309 errichtete Brücke wechselt man auf das rechte Ufer der Rhône.

33 Man könnte vom Wegverlauf an Saint-Nazaire denken, wahrscheinlicher erscheint Tresques, das allerdings nach Balneolis (Bagnols) folgen müßte. Die Meilenangaben lassen vermuten, daß diese beiden Ortsnamen vertauscht sein könnten.

34 In der Ausgabe von 1495 *Valle brutunt* wohl irrig für *Vallebrutum*, wie auch die beiden späteren herangezogenen Drucke schreiben.

35 Die Sorge um das Schuhwerk ist dem Verfasser noch an späterer Stelle angelegen, vgl. Vers 321; in Astorga durften im übrigen Schuhe sogar am Sonntag geflickt werden, wenn dies für Pilger sein mußte; vgl. die Bruderschaftsstatuten der Schuster von San Martín von Astorga aus dem 13. Jahrhundert, Vázquez de Parga, *Peregrinaciones*, Bd. 1, S. 320 f.

36 Die Brücke muß über den Gard geführt haben.

37 Von hier ab folgt die Wegbeschreibung nur bedingt dem südlichsten im Pilgerführer des 12. Jahrhunderts beschriebenen Weg; vgl. Herbers, *Jakobsweg*, S. 132–134; die Streckenführung liegt teilweise südlicher.

38 *Prebende* im Text; hiermit sind bei Künig in der Regel die Gaben gemeint, die man den Pilgern wie ein Almosen gab; vgl. auch schon die mittellateinischen Bedeutungen von »praebenda« in: J. F. Niermeyer, *Mediae latinitatis lexicon minus*. Leiden 1976, S. 822 f.

39 Dies bezieht sich wohl noch auf den Auszug aus Nîmes, die anschließend genannte Burg und das Dorf sind nicht zu identifizieren.

40 Vgl. Coste-Messelière, *Sur les chemins*, S. 80.

41 Vgl. Anm. 2.

42 Bei den beiden zuvor genannten Dörfern könnte es sich um Saint-Jean-de-Vedas und Fabrègues handeln.

43 Die Brücke führte über die Orb, wohl der »pont vieux« in der Nähe der romanischen Kirche Saint-Jacques.

44 Der »Etang de Capestang« ist heute weitgehend trocken; der bei

Capestang heute vorbeiführende »Canal du Midi« hat die alte Topographie verändert. Schon von Béziers an folgt der von Künig beschriebene Weg bis Castanet der Ebene, die später zur Anlage des »Canal du Midi« benutzt wurde; vgl. bereits Häbler, *Wallfahrtsbuch*, S. 66.

45 Der Ort Cabezac liegt etwa 15 km westlich von Capestang; die in Vers 220 genannten fünf Meilen sind irrig oder beziehen sich auf eine weitere Strecke.

46 Eine Brücke überquert dort noch heute das kleine Flüßchen »le Fresquel«.

47 Fascsio im ältesten Druck zu erkennen, dies scheint aber auf einen Setzfehler oder auf eine abgenutzte Letter zurückzugehen; die beiden herangezogenen späteren Drucke haben Fasesio; vielleicht ist Villefranche-de-Lauragais gemeint; laut Häbler, *Wallfahrtsbuch*, S. 66 scheinen Armeto und Fasesio anläßlich der Anlegung des Canal du Midi (1666–1681) zerstört worden zu sein.

48 Montescart schreiben die beiden späteren Drucke; auch hier liegt wohl ein Druck- oder Materialfehler vor.

49 Vgl. zu den angeblichen Apostelreliquien in Toulouse, darunter auch Jakobusreliquien, die Bemerkungen anderer Berichterstatter, sowie Mayer, Von Santiago nach Toulouse.

50 Über die Garonne.

51 Wohl eine Antoniuskirche, aber nicht sicher zu identifizieren; möglicherweise ist es die Antonitereinrichtung von Pujaudran, wenig östlich von L'Isle Jourdain; vgl. hierzu Mischlewski, *Antoniterorden*, Karte Nr. 227; dann wäre die Meilenangabe recht ungenau.

52 Der anschließend überquerte Fluß ist die Echez.

53 Mhd. *ûlner* meint den Töpfer oder Geschirrhändler; die undatierte Straßburger Ausgabe verwendet hier *hafner*. Häbler, *Wallfahrtsbuch*, S. 67 schlägt als Ort Nouilhan vor, jedoch liegt dieser noch in der Flußniederung, es ist eher an eines der Dörfer auf der weiter westlich gelegenen Bergkette zu denken. Auch das anschließend genannte Dorf und das Spital sind nicht identifiziert.

54 Der älteste Druck läßt nur noch *inden* erkennen, aber die beiden späteren Drucke haben *unden* bzw. *unten*.

55 Verballhornung von Armagnac.

56 Interessanterweise erwähnt Künig das nahegelegene Pau mit keinem Wort. Hier wechselt die Wegführung Künigs vom südlichen der im Pilgerführer des 12. Jahrhunderts vorgestellten Wege zu den Wegen, die die Pyrenäen bei Roncesvalles überqueren.

57 Das anschließend genannte Spital ist wohl das seit 1220 belegte Spital des Malteser-Ordens; vgl. Vázquez de Parga, *Peregrinaciones*, Bd. 2, S. 64, Anm. 67.

58 Die Brücke führt über den »Gave de Pau«.

59 Diese Währung galt wohl auch in Navarra, das in dieser Zeit auch Besitzungen nördlich der Pyrenäen hatte. Vgl. zur Münze und ihrem Wert Schrötter, *Münzkunde*, S. 114. Im Jahre 1461, nach dem Tode Karls von Viana, waren die Thronansprüche auf Navarra sogar auf dessen Schwester Leonor, die Gemahlin Gastons IV. von Foix-Béarn, übergegangen. Das nördlich der Pyrenäen gelegene Navarra bezeichnete man auch als Nieder-Navarra. Die im Zusammenhang mit Sauveterre genannte Brücke sowie die Überfahrt könnten sich vielleicht auf die Überquerung der wenig westlich zusammenfließenden »Gave d'Oloron« und »Gave de Mauléon« beziehen.

60 Vgl. zu diesen praktischen Details in Künigs Führer: Herbers, *Erster Pilgerführer*, S. 43. Es könnte sich vielleicht um Larceveau handeln; interessanterweise findet sich dieser Hinweis auf Reparatur der Schuhe kurz vor dem Pyrenäenaufstieg und etwa auf der Hälfte der Wegstrecke von Einsiedeln nach Compostela.

61 Das verwendete Wort *underscheydung* bleibt unklar, aber wahrscheinlich sind drei Wegmöglichkeiten zur Überquerung der Pyrenäen gemeint: 1. der Weg über das heutige Saint-Michel-le-Vieux, der später, aber noch vor dem Ibañeta-Paß auf die »Route de Napoléon« stößt; 2. der alte beschwerliche Weg direkt auf den Ibañeta-Paß zu (die spätere »Route de Napoléon«) und 3. (wie auf der heutigen Autostraße) über Valcarlos; vgl. auch Vázquez de Parga, *Peregrinaciones*, Bd. 2, S. 75. Erinnert sei daran, daß gemäß dem Pilgerführer des 12. Jahrhunderts östlich vor den Pyrenäen in Frankreich und nördlich von Saint-Jean-Pied-de-Port, in Ostabat, drei der Hauptwege zusammenkamen (Herbers, *Jakobsweg*, S. 102); die vierte, aus Südfrankreich kommende Wegstrecke führte separat über den Somport-Paß durch Aragón und Navarra nach Puente la Reina.

62 Das der hl. Maria geweihte Hospital ist seit den 30er Jahren des 12. Jahrhunderts belegt; vgl. Schmugge, *Pilgerverkehr*, S. 45 und bei Herbers, *Jakobsweg*, S. 117 u. 151. Auffälligerweise spielen wie für andere Berichte des 15. Jahrhunderts die mit diesem Ort verbundenen karolingischen Traditionen für Künig keine besondere Rolle mehr.

63 Wohl in Larrasoaña, wo auch seit dem 11. Jahrhundert ein Augustinerkloster bestand, vgl. Vázquez de Parga, *Peregrinaciones*, Bd. 2, S. 111.

64 Nach der Magdalenenbrücke gab es dieses seit dem 12. Jahrhundert bestehende Spital, das zunächst vor allem als Leprosenspital diente; vgl. Vázquez de Parga, *Peregrinaciones*, Bd. 2, S. 113 f., vgl. Vers 349.

65 Dies dürfte auf eine Stiftung zur Beköstigung von 12 Pilgern zurückgehen, von denen im 17. Jahrhundert Domenico Laffi ausführlicher in seinem Pilgerbericht erzählt; vgl. Laffi, *Viaggio*, S. 164 sowie Vázquez de Parga, *Peregrinaciones*, Bd. 2, S. 116.

66 Dieses von den Kanonikern der Kathedrale in Pamplona betreute Spital bestand seit dem 12. Jahrhundert; vgl. Vázquez de Parga, *Peregrinaciones*, Bd. 2, S. 115.

67 Das laut Vázquez de Parga, *Peregrinaciones*, Bd. 2, S. 122 nicht identifizierte Spital könnte laut Mischlewski, *Antoniterorden*, S. 34 die Antoniterniederlassung in Olite bezeichnen, den Sitz der Präzeptorei des Antoniterordens für Navarra (ebd., S. 40 u. ö. sowie die dort beigefügte Karte); die Identifizierung scheint allerdings aufgrund der zu großen Entfernung fraglich.

68 Wohl das Johanniter-Spital, das in Cizur Menor seit dem 12. Jahrhundert bestand; vgl. Vázquez de Parga, *Peregrinaciones*, Bd. 2, S. 122.

69 In der Nähe von Astrain; vgl. Vázquez de Parga, *Peregrinaciones*, Bd. 2, S. 123 f.

70 Der Name *Pons Reginae* (Brücke der Königin) geht auf eine Brücke zurück, welche die Gemahlin König Sanchos III. von Navarra (1004–1035), Doña Mayor, über den Rio Arga zur Hilfe der Pilger erbauen ließ, vgl. Vázquez de Parga, *Peregrinaciones*, Bd. 2, S. 124.

71 Vgl. hierzu Vázquez de Parga, *Peregrinaciones*, Bd. 2, S. 124.

72 Zu den vermeintlich schlechten und todbringenden Wassern in dieser Gegend vgl. die Passagen im Pilgerführer des 12. Jahrhunderts und Herbers, *Jakobsweg*, S. 108–110.

73 Das heißt, in Kastilien, nachdem man zuvor Navarra durchquert hatte. Auch Arnold von Harff und Domenico Laffi lassen Kastilien mit Logroño beginnen. Die Grenze zwischen beiden Königreichen lag aber während des Mittelalters nicht immer hier.

74 Im Text *Malmediß*. Die im christlichen Spanien und in Portugal gebräuchlichen Nachahmungen des seit 1087 von den Almoraviden geschlagenen arabisch-spanischen Golddinars hießen Maravedi, Marabotino, Morabitina oder Almorabitino. Seit Alfons X. von Kastilien (1252–1284) gibt es auch »Maravedises blancos« aus Billon, von denen 60 einem Goldmaravedi entsprachen. Seit 1474 rechnete man den Real mit 34 Maravedis, vgl. Schrötter, *Münzkunde*, S. 367f.

75 Das im Text stehende *honer folck* als *hoenez volc* gelesen ergibt den Sinn von »übermütiges, bösartiges Personal«; diese Interpretation wird durch die beiden weiteren Drucke (*boeß volck*, Straßburger Ausgabe; *hoenisch volck*, Nürnberger Ausgabe) bekräftigt.

76 Im Druck *beite*, von uns als *bette* gelesen; diese Lesart wird durch die beiden späteren Drucke bestätigt (beide: *beth*).

77 Vgl. zu dieser Charakterisierung der Spitäler und der Lebensweise und -art in der Rioja Vázquez de Parga, *Peregrinaciones*, Bd. 2, S. 157 f.

78 Nach dem hl. Dominikus († 1109) benannt, der in der dortigen Kirche begraben liegt. Der Beiname stammt von seiner Tätigkeit als Straßenbauer. Zu ihm vgl. Vázquez de Parga, *Peregrinaciones*, Bd. 2, S. 162–165.

79 Im Druck *huonlr*, von uns als *huener* gelesen, wie die beiden weiteren Drucke schreiben.

80 Zu diesem wohl bekanntesten Jakobuswunder vgl. den Überblick bei Plötz, *hunlr.* Noch heute werden in der Kirche in Santo Domingo ein Hahn und eine Henne in einem Käfig gehalten. Eine erste Form dieses Wunders findet sich im *Liber Sancti Jacobi* und spielt dort noch in Toulouse; vgl. zu den unterschiedlichen Entwicklungsstufen Plötz, *hunlr.* Herbers, Plötz, *Nach Santiago*, S. 55-61.

81 Es könnte sich um ein Spital der Ritterorden handeln, das wohl nur bei Künig belegt ist.

82 Die guten Rationen dieses Spitals lobt im 17. Jahrhundert auch Domenico Laffi. Im 18. Jahrhundert gab es noch 14 Betten für Männer, vier für Frauen und vier für Kleriker, neun für Kranke und fünf für kranke Frauen; vgl. Vázquez de Parga, *Peregrinaciones*, Bd. 2, S. 171.

83 Der Weg teilt sich bei Valdefuentes; der rechte Weg führte über San Juan de Ortega mit seinem Spital, der linke über Arlanzon.

84 Gemeint ist San Juan de Ortega mit Grablege des Heiligen. Auch San Juan war als Schüler des hl. Domingo de la Calzada ein wichtiger »Architekt« am Weg während des 12. Jahrhunderts; er gründete nach einer Pilgerfahrt ins Heilige Land ein Refugium für Pilger, das Augustinerchorherren versorgten und das 1138 unter päpstlichen Schutz gestellt wurde.

85 Vgl. zu dem Hospital del Rey Vázquez del Parga, *Peregrinaciones*, Bd. 2, S. 188–190; vgl. dort auch zu den anderen Spitälern in Burgos.

86 *Hennikyn* als Koseform von Johannes meint wohl ein Johannes- oder Johanniter-Spital. Ein Johannesspital ist schon 1085 belegt, das aber im 15. Jahrhundert meistens Hospital des Papstes Sixtus hieß; vgl. Vázquez de Parga, *Peregrinaciones*, Bd. 2, S. 184–186.

87 Gemeint ist vielleicht ein nicht genauer zu identifizierendes Spital der Ritterorden.

88 Zu dieser Geschichte, die auch in dem Pilgerlied »Wer das elent bawen wil« breiten Raum einnimt, vgl. Herbers, in: *Santiago, Camino* (Ausstellungskatalog Santiago 1993), S. 477 sowie Herbers, Plötz, Nach Santiago, bes. S. 154 u. 158–161. Aus diesem wesentlich detaillierteren Bericht geht hervor, daß man den Spitalmeister wohl mit Pfeilen erschossen hat.

89 Gemeint ist wohl eine Antoniuskirche, die wahrscheinlich mit dem in Castrojeriz belegten (vgl. Mischlewski, *Antoniterorden*, S. 34 sowie Register und die zugehörige Karte) Haus des Antoniterordens zu identifizieren ist; in Castrojeriz befand sich der für Spanien (Kastilien) zuständige Sitz der Präzeptorei des Antoniterordens. Die Ruinen des Gebäudes aus dem 14. Jahrhundert sind heute noch zu sehen.

90 Ähnliche Verballhornungen dieses Ortsnamens finden sich auch in den romanischen Sprachen, z. B. im Französischen die Bezeichnung als »Quatre souris«.

91 Gemeint ist wohl San Nicolás de Itero mit dem Übergang über den Rio Pisuerga.

92 Wahrscheinlich Frómista.

93 Wahrscheinlich Población de Campos.

94 Die im folgenden genannten Spitäler und Orte sind nicht mit Sicherheit zu identifizieren, vgl. Vázquez de

Parga, *Peregrinaciones*, Bd. 2, S. 217 f., Anm. 50.

95 Es könnte sich um Terradillos de los Templarios (vielleicht bei S. Nicolás del Camino) handeln.

96 Vielleicht Terradillos und San Nicolás.

97 Interessanterweise wird dem Wasser des Rio Cea bei Sahagún im Pilgerführer des 12. Jahrhunderts gutes Wasser bescheinigt; vgl. Herbers, *Jakobsweg*, S. 110.

98 Zu diesen vier Spitälern dürften das Spital bei der Brücke über den Valderaduey (vgl. die beiden folgenden Verse) und das des Klosters zählen; vgl. Vázquez de Parga, *Peregrinaciones*, Bd. 2, S. 225.

99 *fry* ist vielleicht auch auf die zu zahlenden Gelder bezogen, wie Vázquez de Parga, *Peregrinaciones*, Bd. 2, S. 236, als einzige Möglichkeit vorschlägt.

100 Nach der Brücke über den Rio Esla bei Mansilla wurden noch der Rio Porma und der Rio Torio vor León überquert.

101 Vgl. Vázquez de Parga, *Peregrinaciones*, Bd. 2, S. 253 f., der von 17 Spitälern spricht.

102 Wohl wiederum ist eine Einrichtung des Antoniterordens gemeint; vgl. Mischlewski, *Antoniterorden*, S. 34.

103 Vázquez de Parga, *Peregrinaciones*, Bd. 2, S. 256 bezieht dies auf das Hospital San Marcos. Der Verkauf von Pilgerzeichen war im Prinzip auf den Zielort beschränkt und nicht unterwegs üblich; allgemein zu den Pilgerzeichen vgl. Köster, *Mittelalterliche Pilgerzeichen* und Ders., *Pilgerzeichen und Pilgermuscheln*.

104 In Oviedo; vgl. zur Konkurrenz des Salvatorkultes mit dem Jakobuskult sowie zur immer intensiver in der Forschung diskutierten »Nordroute« bereits Vázquez de Parga, *Peregrinaciones*, Bd. 2, S. 457–496, Ruiz de la Peña Solar, *Peregrinaciones a San Salvador* und die dort aufgenommenen Beiträge.

105 Zu Künigs Bestreben, möglichst Berganstiege zu vermeiden, vgl. Herbers, *Erster Pilgerführer*, S. 39 f. Der von Künig weiter nördlich vorgeschlagene Weg entspricht wohl der Route über den Manzanalpaß, vgl. auch Vázquez de Parga, *Peregrinaciones*, Bd. 2, S. 286 f. sowie die Karte oben S. 108.

106 Cebreiro-Paß. Auch hier will Künig den beschwerlichen, bergigen Weg vermeiden helfen. Sein Vorschlag beschreibt eine Wegroute weiter nördlich über Lugo.

107 Wahrscheinlich ist Piedrafita (Pedrafita) gemeint; vielleicht auch Becerreá.

108 Neben dem Miñofluß, vor der Brücke, sieht man heute noch Bögen und Nischen aus Ziegelsteinen, die zu römischer Zeit Bestandteil einer Thermenanlage waren. Die heißen Quellen entsprangen, wie in Burgas bei Orense, neben dem Fluß.

109 Vielleicht Melide, ein Ort, von dem bis auf die versetzte Kirchenfassade von San Pedro kein Monument aus der Zeit vor dem 14. Jahrhundert mehr vorhanden ist; vgl. Vázquez de Parga, *Peregrinaciones*, Bd. 2, S. 345. Auch die fast gleiche Entfernung zu Lugo und Santiago spricht hierfür; ebenso die Tatsache, daß hier viele Pilger aus Oviedo (über Lugo) durchzogen. Daneben befand sich eine Pilgerherberge.

110 Wohl der *Mons Gaudii* oder »Monte del Gozo«, von dem man zuerst die Stadt Santiago de Compostela erblickte; vgl. die Bezeichnung, in Quellen des 12. Jahrhunderts belegt; vgl. außer dem Pilgerführer des 12. Jahrhunderts (Herbers, *Jakobsweg*, S. 110 und 154) auch die *Historia Compostellana I 20*. (Hg. von Falque Rey, S. 46 u. ö). Die Bedeutung des ersten Erblickens des heiligen Ortes von einer Anhöhe aus ist nicht auf Santiago de Compostela beschränkt; ähnliches ist für Jerusalem und Rom bekannt, vgl. für Rom: Herbers, *Stadt und Pilger*, S. 199 ff. Vgl. auch die ähnliche Entwicklung in Aachen: Haupt, *Montjoie*, S. 63 f.

111 *Die* Unterscheidung der Ober- und Niederstraße bei Künig ist inzwischen von der Forschung weitgehend übernommen worden.

112 Es handelt sich wohl um den Puerto San Adrián, wo ein Naturtunnel nördlich von Burgos den Felsen durchstößt; vgl. die Darstellung von G. Braun und F. Hogenberg, *Civitates orbis terrarum in aes incisa descriptione topographica, morali et polita illustratae*. Köln 1618, beschrieben bei R. Plötz, in: (Ausstellungskatalog Gent 1985), S. 281, Nr. 142. Diesen Weg beschreibt auch das Pilgerlied »Wer das elend«, das auch vom *Pfortenberk* spricht. Dieser Ausdruck Pfortenberg interpretiert das lat. »portus« oder spanische »Puerto« nicht mehr als Paß, sondern als Pforte, vgl. auch Hard, *Is leigen fünff Berg*, S. 321. Vgl. auch Herbers, Plötz, *Nach Santiago*, S. 158, 244, 282.

113 Krüger, *Widersdorf*, S. 427–429, hat die Meinung vertreten, dieser und der kommende Vers seien an dieser Stelle des Künigschen Itinerars falsch eingefügt worden und gehörten an eine spätere Stelle, an der Künig die Abzweigung nach Widersdorf/Metz beschreibe (Vers 586 ff.). Gemeint sei nicht der Ort Saint-Nicolas im Vorland der Pyrenäen, sondern das lothringische Saint-Nicolas-de-Port. Dies zeigte die gute Ortskenntnis des Autors in Lothringen und Elsaß. Diese letztere Annahme widerspricht aber in gewisser Weise derjenigen einer mitteldeutschen Herkunft des Autors sowie der Tatsache der im folgenden wesentlich ausführlicher beschriebenen anderen Routen.

114 Vielleicht ist der Fluß Arga gemeint.

115 Möglicherweise Mont-de-Marsan (Mons Mariae Sanctae) gemeint, wenn auch die Zuordnung zu einem Spital merkwürdig ist.

116 Damit meint Künig die Gegend der »Landes«, vor der schon der Pilgerführer des 12. Jahrhunderts warnt; vgl. Herbers, *Jakobsweg*, S. 111f. Der von Künig verwendete Begriff ist wohl von dem deutschen Wort für Bordeaux abgeleitet, also Bordeauxisch.

117 Gemeint ist die Überfahrt über

die Mündung der Garonne.
118 Eutropius, der mit Saintes verbundene Heilige. Eutropius gilt seit dem 6. Jahrhundert als erster Bischof von Saintes im 1. Jahrhundert; vgl. Gaiffier, *Sources*, S. 57. Dessen Lebens- und Leidensgeschichte ist in ausführlicher Form in den Pilgerführer des 12. Jahrhunderts eingefügt; vgl. Herbers, *Jakobsweg*, S. 146–150, mit weiteren Nachweisen.
119 Dort soll Johanna von Orléans (gest. 1431) das Schwert genommen haben, um gegen die Engländer zu kämpfen.
120 Der hl. Martin, Bischof von Tours (371–397); die Martinskirche zählt mit derjenigen von Compostela und drei weiteren zu den sogenannten romanischen »Pilgerkirchen«; vgl. bezüglich der baulichen Abhängigkeit von Saint-Martin die heutigen nuancierteren Erklärungen wie von Durliat, *Pèlerinages et architecture;* Sedlmayer, *Saint-Martin de Tours im elften Jahrhundert*. Bayerische Akademie der Wissenschaften, phil.-hist. Kl., Neue Folge, Heft 69, München 1970, sowie Williams, *Arquitectura*, S. 278–280. Noch im Hochmittelalter dürfte der Martinskult durchaus zum Jakobuskult in einem gewissen Konkurrenzverhältnis gestanden haben; vgl. Herbers, *Miracles*, S. 18 f.
121 Das Westreich bezeichnete im späten Mittelalter häufig Lothringen.
122 Vgl. hierzu die oben zitierte Arbeit von Krüger, der etwa an dieser Stelle die obigen Verse 532–535 einschieben will.
123 Der Ort war seit dem 15. Jahrhundert in besonderer Weise mit dem französischen Königshaus verbunden, vgl. E. Audard, *Dictionnaire d'historie et géographie ecclésiastiques*, Bd. 2, 1914, Sp. 1047–1051, Sp. 1048; unklar ist aber, auf wen Künig anspielt; Karl VIII. starb erst 1497 in Amboise, wurde dann aber nach Saint-Denis überführt.
124 Es dürfte sich um die Loire handeln.
125 Gemeint sind die »artes liberales«, wie sie an der Pariser Artistenfakultät gelehrt wurden.
126 Vielleicht die Abtei von Royaumont, 1228 gegründetes Zisterzienserkloster, das auch Pilgern Unterkunft gewähren konnten.
127 Gemeint ist die Überquerung der Oise.
128 Vielleicht ist hiermit Sainte-Maure-Sainte-Brigide in Nogent-sur-Oise gemeint, eine Kirche der Benediktinerabtei von Fécamp; vgl. Durant, *Künig*, S. 21.
129 Dorf und Kloster sind nicht sicher zu identifizieren.
130 Zu Aachen als Pilgerzentrum vgl. zusammenfassend Wynands, *Geschichte der Wallfahrten im Bistum Aachen*. Aachen 1986, S. 41–106, und Herbers, *Stadt und Pilger*, S. 219 ff., mit weiterer Literatur.
131 *mergenknecht* bezeichnet den Servitenorden, die *servi beatae Mariae;* vgl. die Einleitung. Hieraus erklärt sich auch die in den Schlußversen stark hervorgehobene Stellung Mariens.
132 Zu dieser Datierung auf den 26. Juli, die auffälligerweise den Festtag des hl. Jakobus einen Tag zuvor nicht erwähnt, vgl. Herbers, *Erster Pilgerführer*, S. 45 f.

Literaturverzeichnis

Das Literaturverzeichnis erschließt die gekürzt zitierten Publikationen und wird nach Autor oder Titel alphabetisch aufgeführt. Nur die Buchreihe »Jakobus-Studien« wurde als Ausnahme auch alphabetisch eingereiht. Die Verfasser weisen darauf hin, daß sich ausführliche bibliographische Überblicke in der Publikation Herbers, Plötz, »Nach Santiago ...«, in »Pilgerziele. Jerusalem, Rom, Santiago de Compostela« (1999), Herbers, »Wol auf ...« und in den einzelnen Bänden der Jakobus-Studien (1–14) finden, die auch zum neusten Stand der Diskussion führen.

Faksimile-Ausgaben des Pilgerführers von Hermannus Künig von Vach

Häbler, Konrad, Das Wallfahrtsbuch des Hermannus Künig von Vach und die Pilgerreisen der Deutschen nach Santiago de Compostela. Straßburg 1899.

Die walfart vnd Straß zu sant Jacob. Pilgerführer nach Santiago de Compostela (1495). Von Hermann Künig von Vach. Hg. von Ludwig Hengstmann (Originaltext und Nachschrift in heutiger Schreibweise). Solingen 1996.

Hermannus Künig de Vach, A Peregrinaxe e o Camiño a Santiago. Traducido e anotado por Klaus Herbers e Robert Plötz. Versión galega de X.M. García Álvarez, Santiago de Compostela 1999.

Übersetzungen auf Grundlage der Faksilime-Ausgabe von Konrad Häbler

Un guide du Pèlerin vers Saint-Jacques de Compostelle. Le Wallfahrtsbuch d'Hermann Künig (1495). Traduit en vers par L. Marquet. Verviers 1989.

Hermann Künig von Vach. The Pilgrimage and Path to Saint James. Translated with a intruduction and notes by John Durant, (The Confraternity of Saint James Occasional Paper No. 3), London 1993, in Prosa.
Künig von Vach. Die Straß vnd meile zue sant Jacob uß vnd yn in war// heit gantz erfaren findsttu in disem buechlin. Journal de pêlerinage à St-Jacques-de Compostelle 1495, Traduit de l'allemand par Urs Graf, Genf o. J. [1994], Hg. von: Les Amis du Chemin de Saint-Jacques-Suisse.
Pascual, A. R./Anguita Jaén, José María/Bravo Lozano, Millán, Die Wallfahrt und strass zu sant Jacob de Hermann Künig von Vach (Deutscher Text und spanische Übersetzung, Teil 1). In: Jacobvs. Revista de estudios jacobeos y medievales, Nr. 1. Valladolid 1996, S. 57–79.
Herbers, Plötz, Nach Santiago zogen sie ..., S. 182–209.

Allgemeine und zitierte Quellen und Literatur

Albert von Stade: Annales Stadenses. In: MGH SS XVI, (1859), S. 335–341.
Almazán, Vicente: La quête du pardon. Les traces en Alsace du pèlerinage de Saint-Jacques de Compostelle. Strasbourg 1993.
Ammann, Hektor: Vom Städtewesen Spaniens und Westfrankreichs im Mittelalter. In: Studien zu den Anfängen des europäischen Städtewesens (Konstanz-Lindau 1958, ND 1965) S. 105–150.
Angenendt, Arnold: Der Kult der Reliquien. In: Reliquien. Verehrung und Verklärung. Hg. von Anton Legner. Köln 1989, S. 9–24.
Audard, E.: Dictionnaire d'histoire et géographie ecclestiastiques, Bd. 2, 1914.

Bédier, Joseph: Les légendes épiques. Recherches sur la formation des Chansons de geste. 4 Bde., Paris 1912 und weitere Edd.
Boehm, Laetitia: Geschichte Burgunds (Stuttgart [2]1979).
Brandis, Walter: Bibliographie der niedersächsischen Frühdrucke bis 1600. Baden-Baden 1960.
Braun, Georg und Hogenberg, Franz: Civitates orbis terrarum ... Köln 1618.
Brincken, Anna Dorothee von den: Kartographische Quellen. Welt-, See- und Regionalkarten. Turnhout 1988.

Canz, S.: Reliquienverzeichnis des Nikolaus Omichsel. In: Wallfahrt kennt keine Grenzen, Ausstellungskatalog, S. 73f., Nr. 86.
Carlen, Louis: Wallfahrt und Recht im Abendland (Freiburger Veröffentlichungen aus dem Gebiete von Kirche und Staat 23), Freiburg/Schweiz 1987.
Cohen, Esther: Roads and Pilgrimage. A Study in Economic Interaction. In: Studi Medievali 21 (1980) S. 321–341.
Copinger, W.A.: Supplement to Hain's Repertorium Bibliographicum. London 1895–1902.
Coste-Messelière, René de la: Sur les chemins de Saint-Jacques. Dôle 1993.
Cuadrado, Marta: Plan. In: Santiago de Compostela. Ausstellungskatalog Europalia Gent 1985, S. 263, n° 90.

Defourneaux, Marcelin: Les Français en Espagne aux XIe et XIIe siecles. Paris 1949.
Deutsches Wörterbuch. Hg. von Jacob und Wilhelm Grimm. 33 Bde. Nachdruck der Erstausgabe von 1854. Nördlingen 1984.
Dewarrat, Jean Pierre: Les chemins de Saint-Jacques en pays fribourgeois. In: Chemins de Saint-Jacques en terre fribourgeoise. Fribourg 1993, S. 26–42.
Díaz y Díaz, Manuel C.: Literatura Jacobea hasta el siglo XII. In: Il Pellegrinaggio a Santiago de Compostela e la letteratura jacopea. Hg. von Giovanna Scalia (Atti del Convegno internazionale di studi, Perugia, 23–25. sett. 1983). Perugia 1985, S. 225–250.
Díaz y Díaz, Manuel C.: El Códice Calixtino de la catedral de Santiago. Estudio codicológico y de contenido. In Zusammenarbeit mit María Araceli García Piñeiro y Pilar Oro Trigo. Santiago de Compostela 1988.
Díaz y Díaz, Manuel C., »La Epistola Leonis Pape de translatione sancti Iacobi in Galleciam«. In: En Camino hacia la Gloria. Miscelánea en honor de Mons. Eugenio Romero Pose. Hg. von Luis Quintero Fiuza und Alfonso Novo. Santiago de Compostela 1999, S. 517–568
Durliat, Marcel: Pèlerinages et architecture romane. In: Les Dossiers de l'archéologie 20 (1977), S. 22–35.
Durliat, Marcel: La sculpture romane de la route de Saint-Jacques. Mont-de-Marsan 1990.

Ennen, Edith: Stadt und Wallfahrt in Frankreich, Belgien, den Niederlanden und Deutschland. In: Festschrift Mathias Zender, Bd. II, Bonn 1972, S. 1057–1075.
Ertzdorff, Xenja von, und D. Neukirch (Hg.): Reisen und Reiseliteratur im Mittelalter und in der frühen Neuzeit. Vorträge eines interdisziplinären Symposiums vom 3.–8. Juli 1991 an der Justus-Liebig-Universität Giessen. Giessen 1992.

Fernreisen im Mittelalter. Hg. von Folker Reichert. Das Mittelalter 3. Bd. 2 (1998)
Funke, Fritz: Buchkunde. Leipzig 21963.

Gaiffier, Baudouin de: Les sources de la passion de St-Eutrope de Saintes dans le »Liber Sancti Jacobi«. In: Analecta Bollandiana 69 (1951), S. 57–66.
Gaiffier, Baudouin de: Le »Breviarium Apostolorum« (BHL 652). In: Analecta Bollandiana 81 (1963), S. 69–116.
Galy: Le Livre Caumont. Paris 1845.
Ganz-Blättler, Ursula: Andacht, siehe Jakobus-Studien 4.
Ganz-Blättler, Ursula: Daß die Strassen erbessert sigen, ouch die Herbergen bereit ... Pilgerwegforschung am Beispiel Luzern. In: Jakobus-Studien 7, S. 91–114.
García de Valdeavellano, Luís: Orígenes de la burguesía en la España medieval. Madrid 1969.

Garrison, F.: Les hôtes et l'hébergement des étrangers au Moyen Age. Quelques solutions de droit comparé. In: Etudes d'histoire du droit privé offertes à P. Petot. Paris 1959, S. 199–222.

Göttler, Werner: Santiagopilger Hermann Künig von Vach in Luzern. Manuskript 1994.

Göttler, Werner: Jakobus und die Stadt. Luzern am Weg nach Santiago de Compostela (Luzerner Historische Veröffentlichungen Bd. 35), Basel 2001.

Graf, Bernhard: Oberdeutsche Jakobsliteratur. Eine Studie über den Jakobskult in Bayern, Österreich und Südtirol. (Kulturgeschichtliche Forschungen 14) München 1990.

Hampe, Theodor: Deutsche Pilgerreisen nach Santiago de Compostella und das Reisetagebuch des Sebald Örtel (1521–1522). In: Mitteilungen aus dem Germanischen Nationalmuseum. Nürnberg 1896, S. 61–82.

Hamy, E.-T. (Hg.): Le livre de la description des pays de Gilles le Bouvier, dit Berry, suivi de l'Itineraire Brugeois. Paris 1908.

Hard, Gerhard: »Is leigen fünff Berg in Welschen Landt«. Eine Topographie der Pilgerwege von Deutschland nach Santiago in Spanien aus dem 15. Jahrhundert. In: Erdkunde 19 (1965), S. 314–325.

Hassauer, Friederike: Volkssprachliche Reiseliteratur. Faszination des Reisens und räumlicher Ordo. In: La littérature historiographique des origines à 1500. Hg. von U. Gumbrecht, H. R. Jauss und anderen. Heidelberg 1986, S. 215–239.

Hassauer, Friederike: Santiago. Schrift, Körper, Raum, Reise. Eine medienhistorische Rekonstruktion. München 1993.

Haupt, H.: Montjoie – Letzte Station französischer Pilger zur Aachener Heiligtumsfahrt. In: Eremit am Hohen Venn 23 (1951), S. 63f.

Heit, Alfred: Itinerar. In: Lexikon des Mittelalters, Bd. V, Sp. 772–775.

Hell, Vera und Helmut: Die große Wallfahrt des Mittelalters. Tübingen 1964, [3]1979.

Herbers, Klaus: Der Jakobsweg. Mit einem mittelalterlichen Pilgerführer unterwegs nach Santiago de Compostela. Tübingen 1986, 7. Aufl. 2001.

Herbers, Klaus: Der erste deutsche Pilgerführer. Hermann Künich von Vach. In: Jakobus-Studien 1, S. 29–49.

Herbers, Klaus: Pilgerführer. In: Lexikon des Mittelalters, Bd. IV, Sp. 2156.

Herbers, Klaus: Via peregrinalis. In: Jakobus-Studien 2, S. 1–25.

Herbers, Klaus: The Miracles of St. James. In: Jakobus-Studien 3, S. 11–35.

Herbers, Klaus: Peregrinos, escritores y otros propagadores del culto jacobeo en Alemania. In: Santiago, Camino de Europa, S. 121–139.

Herbers, Klaus: Politik und Heiligenverehrung auf der Iberischen Halbinsel. Die Entwicklung des »politischen Jakobus«. In: Politik und Heiligenverehrung im Hochmittelalter. Hg. von Jürgen Petersohn. Sigmaringen 1994, S. 177–276.

Herbers, Klaus: Frühe Spuren des Jakobuskultes im alemannischen Raum (9.–11. Jahrhundert). Von Nordspanien zum Bodensee. In: Jakobus-Studien 7, S. 3–27.

Herbers, Klaus: Stadt und Pilger. In: Franz Heinz Hye (Hg.): Stadt und Kirche. Linz 1995, S. 199–238.

Herbers, Klaus: Pilger auf dem Weg nach Jerusalem, Rom und Santiago de Compostela, In: Pilgerziele der Christenheit, S. 103–133.

Herbers, Klaus: Murcia ist so groß wie Nürnberg« – Nürnberg und Nürnberger auf der Iberischen Halbinsel: Eindrücke und Wechselbeziehungen, in: Nürnberg – europäische Stadt in Mittelalter und Neuzeit; Hg. von Helmut Neuhaus (Nürnberger Forschungen 29). Neustadt an der Aisch 2000, S. 151–183.

Herbers, Klaus: »Europäisierung« und »Afrikanisierung« – Zum Problem zweier wissenschaftlicher Konzepte und zu Fragen kulturellen Transfers, in: España y el »Sacro Imperio«. Procesos de cambios, influencias y acciones recíprocas en la época de la »Europeización« (Siglos XI–XIII). Hg. von Julio Valdeón, Klaus Herbers und Karl Rudolf. Valladolid 2002, S. 11–31.

Herbers, Warum macht man sich auf den Weg? – Pilger- und Reisemotive im Mittelalter. In: Pilgerwege, Spiritualität des Reisens. Bad Herrenalb 2003.

Herbers, Klaus: »Wol auf sant Jacobs straßen«. Pilgerfahrten und Zeugnisse des Jakobuskults in Süddeutschland. Ostfildern 2002.

Herbers, Klaus, »So ziehn wir durch die welschen lant« – Reise und Grenzüberschreitungen im europäischen Mittelalter. In: Grenzen und Grenzüberschreitungen – Brücken von Region zu Region, hg. von Roland Sturm, Erlangen 2002, S. 27–43.

Herbers, Klaus und Plötz, Robert: Nach Santiago zogen sie. Berichte von Pilgerfahrten ans »Ende der Welt«. München 1996. Span. Ausgabe: Santiago de Compostela 1998.

Herbers, Klaus und Plötz, Robert: Jakobus in Deutschland. Strasbourg 2000.

Hermann(us) Künig, s. oben unter Faksimile-Angaben und Übersetzungen.

Herwaarden, Jan van: The Origins of the Cult of St. James of Compostela. In Journal of Medieval History 6 (1980), S. 1–35.

Herwaarden, Jan van: Saint James in Spain up to the 12th Century. In: Wallfahrt kennt keine Grenzen, Aufsatzband, S. 235–247.

Historia Compostelana. Hg. von Emma Falque Rey (Corpus Christianorum, Continuatio Mediaevalis 70). Brepols 1988.

Historia Silense, Hg. von J. Perez de Urbel und A. González Ruiz-Zorilla (Escuela de Estudios Medievales 30), Madrid 1959.

Honemann, Volker: Helmich. In: Verfasserlexikon[2], Bd. III (1981), Sp. 975f.

Honemann, Volker: Hermann Künig von Vach. In: Verfasserlexikon[2], Bd. III (1984), Sp. 437f.

Honemann, Volker: Sebastian Ilsung als Spanienreisender und Santiagopilger (mit Textedition). In: Jakobus-Studien 1, S. 61–95.

I testi italiani del viaggio e pellegrinaggio a Santiago de Compostela e diorama sulla Galizia. Von P. G. Caucci von Saucken, M. Piorelli O.Tavoni D. Gambini, G. Scalia Rössler. (Quaderni del seminario di Cultura Gagliega 5) Perugia 1983.
Ildefons von Toledo, De virginitate beatae Mariae, ed. V. Blanco García, Tratado de la perpetua virginidad de S. Maria. Zaragoza 1954.
Irsigler, Franz: Die Bedeutung von Pilgerwegen für die mittelalterliche Siedlungsentwicklung, Siedlungsforschung. In: Archäologie – Geschichte – Geographie 4 (1986), S. 82–102.
Itineraria et alia Geographica. (Corpus Christianorum 175). Turnhout 1965.

Jacobus von Voragine: Legenda aurea. Hg. von Th. Graesse, 1890; Übersetzung ins Deutsche von Richard Benz. Jena 1917 und weitere Aufl.)

Jakobus-Studien. Im Auftrag der Deutschen Jakobus-Gesellschaft herausgegeben von Klaus Herbers und Robert Plötz.
(1) Deutsche Jakobspilger und ihre Berichte. Hg. von Klaus Herbers. Tübingen 1988.
(2) Europäische Wege der Santiago-Pilgerfahrt. Hg. von Robert Plötz. Tübingen 1990, 21993.
(3) The Codex Calixtinus and the Shrine of St. James. Hg. von John Williams und Alison Stones. Tübingen 1992.
(4) Ganz-Blättler, Ursula: Andacht und Abenteuer. Berichte europäischer Jerusalem- und Santiago-Pilger (1320–1520). Tübingen 1991.
(5) Spiritualität des Pilgerns. Kontinuität und Wandel. Hg. von Klaus Herbers und Robert Plötz. Tübingen 1993.
(6) Becker, Thomas Igor C.: Eunate (Navarra) zwischen Santiago und Jerusalem. Eine spätromanische Marienkirche am Jakobsweg. Tübingen 1995.
(7) Der Jakobuskult in Süddeutschland. Hg. von Klaus Herbers und Dieter R. Bauer. Tübingen 1995.
(8) Libellus Sancti Jacobi. Auszüge aus dem Jakobsbuch des 12. Jahrhunderts. Ins Deutsche übertragen und kommentiert von Hans-Wilhelm Klein (†) und Klaus Herbers, Hg. von Klaus Herbers, Tübingen 1997.
(9) Der Jakobuskult in »Kunst« und »Literatur«. Hg. von Klaus Herbers und Robert Plötz, Tübingen 1998.
(10) Stadt und Pilger. Soziale Gemeinschaften und Heiligenkult. Hg. von Klaus Herbers. Tübingen 1999.
(11) Calvo Salgado, Luís M.: Die Wunder der Bettlerinnen. Krankheits- und Heilungsgeschichten in Burgos und Santo Domingo de la Calzada (1554–1559). Tübingen 2000.
(12) Der Jakobuskult in Ostmitteleuropa. Hg. von Klaus Herbers und Dieter R. Bauer. Tübingen 2003.
(13) Jakobus in den Rheinlanden. Hg. von Robert Plötz und Peter Rückert. Im Druck.
(14) Jakobus und Karl der Große. Von Einhards Karlsvita zum Pseudo-Turpin. Hg. von Klaus Herbers. Tübingen 2003.
(15) Der Kult des Apostels Jakobus d.Ä. in norddeutschen Hansestädten. Hg. von Hedwig Röckelein, in Vorbereitung.

Kellenbenz, Hermann: Pilgerhospitäler, Albergues und Ventas in Spanien. In: Hans Conrad Peyer (Hg.): Gastfreundschaft. Taverne und Gasthaus im Mittelalter. München 1983, S. 137–152.
Kintzinger, Martin, Westbindungen im spätmittelalterlichen Europa. Auswärtige Politik zwischen dem Reich, Frankreich, Burgund und England in der Regierungszeit Kaiser Sigmunds (Mittelalterforschungen Bd. 2). Stuttgart 2000.
Klemm, E.: Ein illustriertes Reliquienverzeichnis in der Bayerischen Staatsbibliothek. Beitrag zur Passauer Buchmalerei des 14. Jahrhunderts. In: Diversarum Artium Studia. Festschrift H. Roosen-Runge zum 70. Geburtstag. Wiesbaden 1982, S. 75–104 mit Abb. auf S. 324–328.
Koehler, D.: Geleit. In: Handwörterbuch zur deutschen Rechtsgeschichte. Bd. I. Berlin 1971, Sp. 1481–1489.
Köster, Kurt: Pilgerzeichen und Pilgermuscheln von mittelalterlichen Santiagostraßen. Neumünster 1983.
Köster, Kurt: Mittelalterliche Pilgerzeichen. In: Wallfahrt kennt keine Grenzen, Aufsatzband, S. 203–223.
Kriss-Rettenbeck, Lenz , Ruth und Illich, Ivan: Homo viator – Ideen und Wirklichkeiten. In: Wallfahrt kennt keine Grenzen. Aufsatzband, S. 10–22.
Krüger, Heribert: Das Stader Itinerar des Abtes Albert aus der Zeit um 1250. In: StaderJahrbuch/Stader Archiv NF 46 (1956), S. 71–124; 47 (1957), S. 87–136; 48 (1958), S. 39–76.
Krüger, Herbert: Das älteste deutsche Routenhandbuch, Jörg Gails »Raissbüchlin«. Mit sechs Routenkarten und 272 Originalseiten in Faksimile. Graz 1974
Krüger, Herbert: Kartographische Zeugnisse für den Wallfahrtsort Widersdorf-Vergaville. In: Zeitschrift für die Geschichte des Oberrheins 98 (1950), S. 421– 442.
Kupčik, Ivan: Karten der Pilgerstrassen im Bereich der heutigen Schweiz und des angrenzenden Auslandes vom 13. bis zum 16. Jahrhundert. In: Cartographica Helvetica 6 (1992), S. 17–31.
Küther, Waldemar: Vacha und ein Servitenkloster im Mittelalter (Mitteldeutsche Forschungen 64) Köln und Wien 1971, S. 148–153.

Labande, Edmond-René: ›Pauper et Peregrinus‹. Les problèmes du pèlerin chrêtien d'après quelques travaux récents. In: Wallfahrt kennt keine Grenzen, Aufsatzband, S. 23–32.
Lacarra, José María: Un arancel de aduanas del siglo XI. Zaragoza 1950.
Lacarra, José María: A propos de la colonisation »franca« en Navarre et en Aragon. In: Annales du Midi 65 (1953) S. 331–342.

Ladner, Gerard.B.: Homo Viator: Medieval Ideas on Alienation and Order. In: Speculum 42 (1967), S. 233–259.
Laffi, Domenico: Viaggio in Ponente a San Giacomo di Galitia e Finisterrae. Hg. von Ana Sulai Capponi. Perugia 1989.
Leinweber, Josef: Die Santiago-Wallfahrt in ihren Auswirkungen auf das ehemalige Hochstift Fulda. Zur Frömmigkeits- und Kulturgeschichte im Mittelalter. In: Fuldaer Geschichtsblätter 52 (1976), S. 134–155.
Liber Pontificalis. Hg. von Louis Duchesne und Cyrille Voge. 3 Bände. Paris 1886–1892, ²1955.
Liber Sancti Jacobi. Codex Calixtinus. Hg. von Klaus Herbers und Manuel Santos Noia. Santiago de Compostela 1998.
Liber Sancti Jacobi Codex Calixtinus. Traducción por A. Moralejo, C. Torres y J. Feo. Santiago de Compostela 1951.
López Alsina, Fernando: La ciudad de Santiago de Compostela en la alta edad media. Santiago de Compostela 1988.
López Ferreiro, Antonio: Historia de la Santa Apostólica Metropolitana Iglesia de Santiago de Compostela. 11 Bde., Santiago de Compostela 1898–1909.

Meyer, Andreas: Von Santiago de Compostela nach Toulouse. Ein Apostel verlegt sein Grab. In: Francia 26/1 (1999), S. 209–237.
Mieck, Ilja: Les témoignages oculaires du pèlerinage a Saint-Jacques de Compostelle. Etude bibliographique (du XIIᵉ au XVIIᵉ siecle). In: Compostellanum 22 (1977), S. 3–32.
Mieck, Ilja: Zur Wallfahrt nach Santiago de Compostela zwischen 1400 und 1560. Resonanz, Strukturwandel und Krise. In: Spanische Forschungen der Görres-Gesellschaft, 1. Reihe: Gesammelte Aufsätze zur Kulturgeschichte Spaniens, Münster 1978, S. 483–533.
Mischlewski, Adalbert: Grundzüge der Geschichte des Antoniterordens bis zum Ausgang des 15. Jahrhunderts. Köln 1976.
Muller, J.: Bibliographie Strasbourgeoise. Bd. 2. Baden-Baden 1985.

Nice Boyer M.: Roads and Rivers: Their Use and Disuse in Late Medieval France. In: Mediaevalia et humanistica 13 (1960) S. 68–80.
Niermeyer, J. F.: Mediae latinitatis lexicon minus. Leiden 1976.
Nompar de Caumont: Voiage de Nopar Seigneur de Caumont a Saint Jacques de Compostelle et a Notre Dame de Finibus Terre. In: Jeanne Vielliard (Hg.): Le guide ..., 5ª Ed. 1981, S. 132–140.

Orderius Vitalis: The Ecclesiastical History of Orderic Vitalis. Hg. von Marjorie. Chibnall, 6 Bände. Oxford 1969–1980.

Paravicini, Werner: Von der Heidenfahrt zur Kavalierstour. Über Motive und Formen adligen Reisens im späten Mittelalter. In: Wissensliteratur im Mittelalter und in der Frühen Neuzeit. Bedingungen, Typen, Publikum, Sprache (Wissensliteratur im Mittelalter, 13) Wiesbaden 1993, S. 91–130.
Paravicini, Werner (Hg.): Le grand Tour (Tagungsakten). Im Druck.
Passini, Jean: Villes médiévales du chemin de Saint-Jacques-de-Compostelle (Pampelune à Burgos). Villes de fondation et villes d'origine romaine. Paris 1984, mit zahlreichen Abbildungen.
Passini, Jean: El camino de Santiago. Madrid 1987.
Paulus, Nikolaus: Geschichte des Ablasses im Mittelalter vom Ursprunge bis zur Mitte des 14. Jahrhundert. 3 Bde., Paderborn 1921–1923. Erweiterter Nachdruck Darmstadt 2000.
Pfister M.: Galloromanische Sprachkolonien in Italien und Nordspanien (Akademie der Wissenschaften und der Literatur, Mainz. Abhandlungen der Geistes- und Sozialwissenschaftlichen Klasse Nr. 5), Wiesbaden 1988.
Pilgerziele der Christenheit, Jerusalem, Rom, Santiago de Compostela, Hg. von Paolo Caucci von Saucken. Stuttgart 1999.
Plötz, Robert: Peregrini – Palmieri – Romei. Untersuchungen zum Pilgerbegriff der Zeit Dantes. in: Jahrbuch für Volkskunde NF 2 (1979), S. 103–134.
Plötz, Robert: Der Apostel Jacobus in Spanien bis zum 9. Jahrhundert. In: Spanische Forschungen der Görresgesellschaft, 1. Reihe: Gesammelte Aufsätze zur Kulturgeschichte Spaniens 30. Münster 1982, S. 19–145.
Plötz, Robert: Imago Beati Jacobi. Beiträge zur Ikonographie des hl. Jakobus Maior im Hochmittelalter. In: Wallfahrt kennt keine Grenzen, Aufsatzband, S. 248–264.
Plötz, Robert: Mons et crypta S. Adriani. In: Santiago de Compostela. Ausstellungskatalog Europalia. Gent 1985, S. 280, Nr. 142.
Plötz, Robert: »der hunlr hinder dem altar saltu nicht vergessen«. Zur Motivgeschichte eines Flügellaltars der Kempener Propsteikirche. In: Epitaph für Gregor Hövelmann. Beiträge zur Geschichte des Niederrheins. Ed. Stefan Frankewitz. Geldern 1987, S. 119–170.
Plötz, Robert: Deutsche Pilger nach Santiago de Compostela bis zur Neuzeit. In: Jakobus-Studien 1, S. 1–27.
Plötz, Robert: Homo viator. In: Compostellanum 36 (1991), S. 265–281.
Plötz, Robert: Jakobus d. Ä. In: Lexikon des Mittelalters, Bd. V (1991), Sp. 253f. Plötz, Robert: Jakobspilger. In: Enzyklopädie des Märchens, Bd. VII (1992), Sp. 253ff.
Plötz, Robert: O deşenvolvimento histórico do culto de Santiago. In: I Congresso internacional dos caminhos portugueses de Santiago de Compostela. Lisboa 1992, S. 53–67.
Plötz, Robert: Indumenta peregrinorum – L'équipement du pèlerin. In: Les traces du pèlerinage à Saint-Jacques-de-Compostelle dans la culture européenne, (Patrimoine culturel, no 20) Strasbourg 1992, S. 46–54.
Plötz, Robert: Jacobus Maior. Geistige Grundlagen und materielle Zeugnisse eines Kultes. In: Jakobus-Studien 7, S. 171–232.
Plötz, Robert: Hay cinco montes en tierra extranjera. Textos de uso para

peregrinos alemanes en el camino a Santiago. In: Letteratura e Drammaturgia dei Pellegrinaggi, Akten des XXIII Convegno Internazionale Anagni 10–11–12 Settembre 1999. Rom 2000, S. 155–177.
Plötz, Robert: Santiago – Pilgerstraßen in Europa – Wege der Jacobus-Pilger in Europa. In: Wege als Ziel. Kolloquium zur Wegeforschung in Münster, 30. November/1. Dezember 2000 (Veröffentlichungen der Altertumskommission für Westfalen XIII) Münster 2002, S. 87–107
Plötz, Robert: The Mentality of the Pilgrim. In: Scandinavia, Saint Birgitta and the Pilgrimage Route to Santiago de Compostela. Proceedings of the VIII Spain and Sweden. Encounters throughout History, Santiago de Compostela, October, 18–20, 2000, Hg. von E. Martínez Ruiz and M. de Pazzis Pi Corrales. Santiago de Compostela 2002, S. 21–53.
Plötz, Robert: Iter Peregrinorum ad limina Beati Iacobi (provincia de Palencia). In: Enciclopedía del Románico en Castilla y León, Palencia. Hg. von M. A. García Guines und J.M. Pérez Gonzáles, Bd. 1, Aquilar de Campoo 2002, S. 137–162.

Reglero de la Fuente, Carlos Manuel: Espacio y poder en la Castilla Medieval. Los Montes de Torozos (siglos X-XIV). Valladolid 1994.
Reichert, Folker: Erfahrung der Welt: Reisen und Kulturbegegnung im späten Mittelalter. Stuttgart [u.a.] 2001
Richard, Jeffrey: Les récits de voyages et de pèlerinages (Typologie des sources du Moyen Age occidental 38) Turnhout 1981.
Röckelein, Hedwig und Gottfried Wendling: Wege und Spuren der Santiago-Pilger im Oberrheintal. In: Jakobus-Studien 2, S. 83–117.
Roewekamp, Georg (Hg.), Itinerarium = Reisebericht/Egeria. Mit Auszügen aus De locis sanctis = Die heiligen Stätten/Petrus Diaconus (Fontes Christiani, Bd. 20). 2. verb. Aufl. Freiburg im Breisgau 2000.).
Ruiz de la Peña Solar, José Ignacio u. a.: Las peregrinaciones a San Salvador de Oviedo en la Edad Media. Oviedo 1990.

Salicru, Roser: Caballeros cristianos en el Occidente europeo y islámico. In: Klaus Herbers, Nikolas Jaspert, Die Iberische Halbinsel und das Heilige Römische Reich. Vom 14. Jahrhundert bis zum Beginn des habsburgischen Großreiches. Konstruktionen des Eigenen und des Fremden (Geschichte und Kultur der Iberischen Welt Band 1). (im Druck).
Salzberger, Joachim: Einsiedeln. Hg. von Elsanne Gilomen-Schenkel. (Helvetia Sacra III/1) Bern 1986, S. 517–594.
Santiago, Camino de Europa. Culto y Cultura en la Peregrinación a Compostela. Hg. von Serafín Moralejo, Felix de la Fuente Andrés und Fernando López Alsina. Ausstellungskatalog. Santiago de Compostela 1993.
Santiago de Compostela. 1000 ans de pèlerinage européen. Ausstellungskatalog Europalia Gent. Gent 1985 (auch in flämischer Sprache).
Santiago de Compostela. Pilgerwege. Hg. von Paolo G. Caucci von Saucken. Augsburg 1993.

Saxer, Victor: L'origine des reliques de sainte Marie Madeleine à Vézelay dans la tradition historiographique du Moyen Age. In: Revue des sciences religieuses 29 (1955) S. 1–18.
Saxer, Victor: Le culte de Marie-Madeleine en Occident des origines à la fin du Moyen Age. Auxerre-Paris 1959.
Saxer, Victor: Le dossier vézelien de Marie Madeleine. Invention et translation des reliques en 1265–1267 (Subsidia hagiographica 57), Brüssel 1975.
Schaab, Meinrad: Geleitstraßen um 1550, Beiwort zur Karte X des Historischen Atlas von Baden Württemberg (1982), S. 4–6.
Schaab, Meinrad: Geleit, in: Lexikon des Mittelalters IV (1989) Sp. 1204 f.
Scheller, K. F .A.: Bücherkunde der Sassisch-Niederdeutschen Sprache. Braunschweig 1826.
Schimmelpfennig, Bernhard: Die Anfänge des Heiligen Jahres von Santiago de Compostela im Mittelalter. In: Journal of Medieval History 4 (1978), S. 285–303.
Schmugge, Ludwig: Kollektive und individuelle Motivstrukturen im mittelalterlichen Pilgerwesen. In: Migration in der Feudalgesellschaft. Hg. von G. Jaritz und A. Müller. Frankfurt 1988, S. 263–290.
Schmugge, Ludwig: Der falsche Pilger. In: Fälschungen im Mittelalter, Bd. V: Fingierte Briefe, Frömmigkeit und Fälschung, Realienfälschungen. (MGH Schriften, 33, IV) Hannover 1988, S. 475–484.
Schmugge, Ludwig: Die Anfänge des organisierten Pilgerverkehrs im Mittelalter. In: Quellen und Forschungen aus italienischen Archiven und Bibliotheken 64 (1984), S. 1–83.
Schrötter, Friedrich: Wörterbuch der Münzkunde. Berlin, Leipzig 1930.
Schubert, Ernst: Fahrendes Volk im Mittelalter. Bielefeld 1995.
Sedlmayer, H.: Saint-Martin de Tours im elften Jahrhundert. In: Bayerische Akademie der Wissenschaften, phil.-hist. Kl., Neue Folge, Heft 69. München 1970.
Sigal, Pierre André: Les marcheurs de Dieu. Pèlerinages et pèlerins au Moyen Age. Paris 1974.
Stolz, Michael: Die Reise des Leo von Rozmital. In: Jakobus-Studien 1, S. 97–121.
Storrs, Constance Mary: Jacobean Pilgrims from England to St. James of Compostella. From the Early Twelfth to the Late Fifteenth Century. Santiago de Compostela 1994.
Szabó, Thomas: Das Straßennetz zwischen Mittel- und Osteuropa. Der Weg nach Santiago. In: Jakobus-Studien 12, S. 27–40.
Thurre, Daniel: Die »Pilgerstrassen« in der romanischen Schweiz während des Mittelalters. In: Jakobus-Studien 7, S. 371–376.
Tremp-Utz, Kathrin: Eine spätmittelalterliche Jakobusbruderschaft in Bern. In: Zeitschrift für schweizerische Kirchengeschichte 77 (1983), S. 47–93.

Unterwegssein im Spätmittelalter. (Zeitschrift für Historische Forschung, Beiheft 1) Berlin 1985.
Urban V.: Lettres communes 3. Hg. von A.-M. Hayez. Bibliothèque de l'Ecole Française de Rome, V bis, 3. Rom 1974.

Valentini, R. und Zuchetti, G.: Codice topografico della città di Roma 3 (Fonti per la Storia d'Italia 90) Rom 1946.
Valiña Sampedro, Elías: El Camino de Santiago: Estudio Histórico-jurídico (Monografías de Historia Eclesiástica Bd. 5), Madrid 1971. Lugo 21990.
Vázquez de Parga, Luis, Lacarra, José María und Uría Ríu, Juan: Las peregrinaciones a Santiago de Compostela, 3 Bde., Madrid 1948–49.
Vielliard, Jeanne: Pèlerins d'Espagne à la fin du Moyen Age. In: Analecta Sacra Tarraconensia 12 (1936) S. 265–300.
Vielliard, Jeanne (Hg.): Le Guide du pèlerin de Saint-Jacques de Compostelle. Mâcon 1938, weitere Editionen bis 1981 (5. Edd.).
Vincke, Johannes: Geleitbriefe für deutsche Pilger in Spanien. In: Georg Schreiber (Hg.), Wallfahrt und Volkstum. Düsseldorf 1935, S. 258–265.
Voullième, E.: Die Inkunabeln der königlichen Bibliothek und der anderen Berliner Sammlungen. Leipzig 1906.

Wallfahrt kennt keine Grenzen, Aufsatzband. Hg. von Lenz Kriss-Rettenbeck und Gerda Möhler. München 1984. 2München 1985.
Wallfahrt kennt keine Grenzen, Ausstellungsband. Hg. von Thomas Raff, München 1984.
Weber, Peter Xaver: Der Pilatus und seine Geschichte. Luzern 1913.
Wiederkehr, C.R.: Das freie Geleit und seine Erscheinungsformen in der Eidgenossenschaft des Spätmittelalters. Ein Beitrag zu Theorie und Geschichte eines Rechtsbegriffes. Diss. Zürich 1976.
Wilckens, Leonie von: Die Kleidung der Pilger. In: Wallfahrt kennt keine Grenzen. Aufsatzband, S. 174–180.
Williams John: La arquitectura del camino de Compostela. In: Compostellanum 29 (1984), S. 267–290.
Wynands, Dieter P. J.: Geschichte der Wallfahrten im Bistum Aachen. Aachen 1986.

Young, K.: The Drama of the Medieval Church. Vol. L, Oxford 1933.

Personen- und Ortsregister

Das Register erfaßt neben dem Haupttext auch Namen aus den Anmerkungen, sofern sie nicht in bibliographischen Angaben auftauchen oder fast durchgängig belegt sind wie Jakob(us), Santiago usw. Namen aus Quellenzitaten stehen in den verschiedenen Varianten in Klammern, die zeitgemäße Schreibweise ist vorgesetzt. Falls keine klare Zuordnung von Quellenzitaten zu modernen Schreibweisen erzielt werden konnte, sind beide Begriffe alphabetisch eingeordnet. Abweichend vom streng wissenschaftlichen Gebrauch sind nicht alle mittelalterlichen Personennamen (bis Anfang 16. Jahrhundert) unter dem Vornamen angeführt, da sich gerade in den großen Handelsstädten schon frühzeitig ein dynastischer Gebrauch der Geschlechternamen entwickelt hat. Datenangaben werden nicht aufgeführt, da diese im Text vorhanden sind. Es werden allenfalls allgemein übliche Abkürzungen verwendet.

Bibliografische Information
Der Deutschen Bibliothek
Die Deutsche Bibliothek verzeichnet diese Publikation in der Deutschen Nationalbibliografie; detaillierte bibliografische Daten sind im Internet über http://dnb.ddb.de abrufbahr.

ISBN 978-3-95976-295-3

Reprint der erstmals 2004 im Jan Thorbecke Verlag der Schwabenverlag AG, Ostfildern, erschienenen Ausgabe, mit freundlicher Genehmigung des Verlags.

Kunstverlag Josef Fink
Hauptstraße 102 b,
88161 Lindenberg i. Allgäu
Tel.: (0 83 81) 8 37 21
Fax: (0 83 81) 8 37 49
E-Mail: info@kunstverlag-fink.de
Internet: www.kunstverlag-fink.de

Printed in EU